KB119563

권리를 가질 권리

권리를 가질 권리

어디에도 속하지 못한 사람들을 위해

스테파니 데구이어·알라스테어 헌트·라이다 맥스웰·새뮤얼 모인 지음
김승진 옮김

위즈덤하우스

고향을 떠났더니 고향 없는 사람이 되었고, 국가를 떠났더니 국가 없는 사람이 되었으며, 인권을 한번 박탈당하고 났더니 그때부터는 아무 권리가 없는 사람, 곧 지구의 쓰레기가 되었다.

– 한나 아렌트(Hannah Arendt), 『전체주의의 기원(The Origins of Totalitarianism)』

차례

권리들을 가질 권리

I

한나 아렌트(Hannah Arendt, 1906~1975)는 27세에서 45세 사이
에 국가 없는 난민이었다. 히틀러가 정권을 잡자 생명에 위협
을 느낀 아렌트는 1933년에 독일을 탈출해 파리로 몸을 피했
다. 2년 뒤 독일에서 뉘른베르크법(1935년 뉘른베르크 전당대회에
서 공포된 독일제국시민법과 혈통보호법. 유대인의 시민 자격을 박탈하고
유대인과 독일인의 결혼을 금지하는 등의 내용이 포함되었다―옮긴이)이
공포되면서 아렌트가 이미 경험으로 느끼고 있던 불길한 예감
은 공식적인 사실이 되었다. 즉 독일 유대인은 더 이상 독일 시
민이 아니게 되었다. 이제 아렌트는 돌아갈 조국이 없어졌다.
그런데 1939년에 전쟁(2차 대전―옮긴이)이 발발하자 프랑스 정
부는 아렌트를 포함해 프랑스에 피신해 있던 독일 유대인들

을 '적국(독일─옮긴이) 국적자'로 분류해 프랑스 남부 귀르 수용소에 구금했다. 1940년에 독일이 프랑스를 점령해 프랑스가 온통 혼란에 빠져 있던 동안, 아렌트는 구사일생으로 수용소를 탈출해 비점령 지역(프랑스는 독일 점령지와 비시를 수도로 한 비점령 지역으로 분리됐다─옮긴이)으로 도망쳤다. 유럽을 빠져나가려고 미국 외교관들에게 도움을 청했지만, 나치를 피해 쏟아져 나온 유대인들에게 되도록 비자를 발급하지 않는 것이 미 국무부의 방침이었다. 기적 같은 행운과 아렌트 본인의 기민한 판단력, 그리고 본국 정부 방침을 어기고 유대인 도망자들에게 비자를 발급해 준 미국 외교관과 유대인들의 탈출을 지원한 몇몇 개인들의 도움으로, 아렌트는 어떻게 어떻게 난센 여권(국제연맹이 무국적 난민들을 위해 발급한 국제 신분증─옮긴이), 프랑스 출국 비자, 스페인 및 포르투갈 통과 비자, 미국 긴급 비자를 마련할 수 있었다. 이 증서들 덕분에 아렌트는 1941년에 간신히 미국으로 건너와 난민으로서 망명 허가를 받았고 1951년에는 미국 시민이 되었다.[1]

그해에 아렌트는 영어로 쓴 첫 저서 『전체주의의 기원(*The Origins of Totalitarianism*)』을 펴냈다. 그 책의 중요한 장 중 하나에서 아렌트는 국가 없는 난민으로서 겪었던 자신의 경험을 토대로 사람들이 어떻게 권리를 획득하고 또 박탈당하는지에 대해 논했다. 아렌트가 전쟁에 휩쓸린 유럽을 탈출할 수 있었던 것은 인간이라는 지위 덕분도, 관심을 가져 주는 정부의 중재나 조정을 통해서도 아니었다. 그것은 상황과 우연의 결과였다. 나치의 극심한 인권 탄압을 목격한 국제 사회가 1948년에 세계인권선언(Universal Declaration of Human Rights)을 채택해 인간은 오로지 인간이라는 이유만으로 권리들을 갖는다고 천명했지만, 아렌트는 그러한 권리들을 가지려면 단지 인간이라는 사실만으로는 부족하다는 것을 절실히 체험했다. 권리들을 가지려면 인간은 우선 정치 공동체의 일원이어야 했다. 국민국가의 시민권을 가진 사람이어야만 교육권, 노동권, 투표권, 건강권, 문화권 등을 법적으로 보호받을 수 있는 것이다. 이런 의미에서, 아렌트는 어떤 구체적인 시민적, 사회적, 정치적 권리들에 앞서 '권리들을 가질 권리(right to have rights)'라고 부를 만한 무언가가 있어야 한다고 주장했다.

아렌트는 자신의 시대와 경험을 이야기한 것이었지만, '권리들을 가질 권리'는 우리 시대의 정치적 사고와 행동에도 중요한 개념적 자원을 제공한다는 것이 이 책에서 우리가 주장하고자 하는 바다. 어떤 정치 공동체에도 유의미하게 속하지 못한 사람들이 전 세계적으로 급증하고 있다는 점에서 더욱 그렇다. 이런 곤경에 처한 가장 두드러진 집단은 분쟁이나 기후 변화로 고국을 탈출해 다른 나라에서 비호를 구해야 하는 처지가 된 이주자와 난민이다. 유엔난민기구(UNHCR)에 따르면, 2015년 현재 자신이 살던 터전을 강제로 떠나야 했던 사람이 전 세계적으로 6530만 명에 달하고 이 가운데 2130만 명이 난민이다.[2] 이에 더해, 수많은 미등록 이주자도 합법적 체류 허가가 없으므로 사실상 시민권이 없는 상태다. 이들보다 수는 적지만 소위 '문명 국가'에 의해 재판 없이 임의 구금 상태에 처해진 사람들도 빼놓을 수 없다. 또 서구 국가의 평범한 노동자들 상당수도 거주국의 합법적인 시민이긴 하지만 신자유주의적 시장 근본주의의 공격으로 공공 영역이 대거 축소되면서 시민으로서 누려야 할 권리들을 온전하게 누리지 못하고 있다. 설상가상으로 전 세계적으로 신자유주의적 포퓰리즘 정치가 외국인 혐오와 순혈 토착주의 화법을 내세워 정치권력을 강화하면서 이 모든 이들의 상황이 더욱 악화되고 있다. 신자유주의의 확산으로 권리를 박탈당하고 취약해진 사람들 자신이 이러한 외국인 혐오와 순혈 토착주의 화법을 열렬히 지지하는 아이러니를 보이기도 한다.

이미 많은 학자와 활동가들이 아렌트가 제시한 '권리들을 가질 권리'라는 개념을 통해 민주 정치를 위한 오늘날의 투쟁을 파악하고 그 투쟁에 개입하고자 노력해 왔다. 하지만 이들 대부분이 '권리들을 가질 권리'를 '인권'을 이야기하는 또 하나의, 좀 더 시적인 표현으로 여기곤 한다. 자신이 추구하는 대의에 도움이 될 만한 것들을 무엇이든 찾아야만 하는 활동가들이 이런 해석을 하는 것은 이해할 만하지만, '권리들을 가질 권리'의 의미와 이 구절을 낳게 된 아렌트의 논지를 더 면밀하게 고찰하는 학자들마저 그것이 그저 인권을 이야기하는 새롭고 더 나은 표현인 듯이 서술하는 경향을 보인다. 아렌트라면 이런 경향에 반대할 것이다. 아렌트의 저술에서 '권리들을 가질 권리'라는 구절은 인권 개념을 비판하는 맥락에서 나온 것이었다. 아렌트는 인권을 강제하고 실행하기 위해 마련된 제도적 메커니즘들이 부적절하다는 점에서만 인권을 비판한 것이 아니라, '인권'이 민주 정치의 기초가 되기에는 이론적 일관성이 불충분한 개념이라고 보았다.

이 책에서 우리는 '권리들을 가질 권리'에 대한 현재의 해석들이 얼렁뚱땅 얼버무리고 있는 섬세함, 복잡성, 모호성, 잠재성에 관심을 기울이면서 이 구절을 비판적으로 분석함으로써, 민주적 투쟁의 이론적 자원을 풍성히 하는 데 기여하고자 한다. 인권 운동의 중요성을 폄하하는 것은 결코 아니지만, 우리는 '권리를 가질 권리'라는 구절을 인권 패러다임에 계속해서 동화시켜 버리는 경향에 문제를 제기한다. 우리는 아렌트가 이 구절을 처음 제시했던 저술 및 이 개념의 흔적을 엿볼 수 있는 그 밖의 저술들로 다시 돌아가서, 아렌트의 주장과 화법상의 특징들을, 그것이 얼핏 주변적이고 사소해 보일 때에도, 아렌트 자신의 지적 투쟁을 보여 주는 징후로서 최대한 정확하게 이해하고자 노력했다.

또한 '권리들을 가질 권리'를 다룬 대부분의 저술과 달리 우리는 단수형으로 제시된 '권리'에만 초점을 두는 논의를 넘어서야 한다고 생각한다. 이 책의 네 개 장은 두 개의 명사(복수형의 '권리들'과 단수형의 '권리')와 중간의 동사('가지다'), 그리고 생략되어 있는 주어까지 이 구절의 **모든** 요소를 동일한 비중으로 다룬다. 1장에서는 스테파니 데구이어가 권리들을 가질 '권리'를 논하면서, 이것이 정말로 구체적인 권리들의 토대가 될 수 있는지 고찰한다. 2장에서는 라이다 맥스웰이 권리들을 '가진다'는 것의 의미를 탐구한다. 3장에서는 새뮤얼 모인이 흔히 간과되는, 복수형으로 쓰인 '권리들'에 대해 살펴본다. 4장에서는 알라스테어 헌트가 이 구절에 암시만 되어 있을 뿐 드러나 있지는 않은, 권리들을 가질 권리의 '담지자'에 대해 논한다. 마지막으로 맺음말에서 애스트라 테일러는 이 구절 자체에 대한 분석을 넘어 권리들을 가질 권리라는 개념이 '초국적 과두제'인 오늘날의 상황, 즉 초국가적인 자본의 흐름이 시민권을 가진 사람까지 포함해 모든 이들을 권리 없는 상태로 내몰고 있는 상황에서 어떠한 적합성과 시사점을 갖는지 고찰한다.

II

아렌트가 '권리들을 가질 권리'라는 말을 처음 쓴 것은 짧은 기간 동안 나오다 사라진 미국의 노동 운동 잡지 『모던 리뷰(Modern Review)』의 1949년 여름 호에 게재한 「'인간의 권리들,' 그것은 무엇인가?('The Rights of Man': What Are They?)」라는 글에서다.[3] 이 글의 상당 부분이 2년 뒤에 펴낸 『전체주의의 기원』9장 「국민국가의 쇠퇴와 인권의 종말(The Decline of the Nation-State and the End of the Rights of Man)」에 담기게 되는데, '권리들을 가질 권리'라는 구절도 여기에 다시 등장한다.[4] 아마 대부분의 독자가 이 개념을 처음 접하게 되는 것은 이 책을 통해서일 것이다.

『전체주의의 기원』9장에서 아렌트는 1차 대전 이후 몇 십년 동안 유럽 각국에 살던 수백만 명의 사람들이 갑자기 어느 국가에서도 시민권을 주장할 수 없게 되면서 인권이라는 개념이 시험대에 오르게 된 상황을 상세히 설명했다. 크게 두 집단이 이런 일을 겪었는데(많은 이들이 둘 다에 해당했다), 하나는 '소수 민족'이고 다른 하나는 '국가 없는 사람들'이다. 전자는 대개 1차 대전 이후 다민족적이던 이전의 거대 제국들이 붕괴하면서 동유럽과 남유럽에 새로 생겨난 국가들에 살던 사람들이었다. (오스트리아-헝가리 제국 붕괴 이후) 체코슬로바키아에 살던 슬로바키아인, (전에는 독일 제국에 속했던) 폴란드에 살던 리투아니아인 등이 그런 사례다. 이들은 거주하는 나라의 시민이긴 하지만 지배적인 민족 문화와 구별되는 소수 민족이기 때문에 다른 시민들이 일반적으로 누리는 수준의 법적 보호를 자신들에게도 정부가 보장해 주리라고 확신할 수가 없었다. 한편, 후자인 '국가 없는 사람들'은 실질적으로도 또 공식적으로도 어느 국가의 시민도 아닌 사람들이었다. 사실 이들은 원래 시민권을 가지고 있었는데 국가가 시행한 대대적인 국적 박탈 조치로 그 시민권을 잃은 사람들이었다. 스페인, 터키, 헝가리, 그리고 (아렌트의 경우) 독일 등에서 이런 일이 벌어졌다. 아렌트는 이 두 집단이 공통적으로 겪는 고통이 공식적으로 혹은 실질적으로 시민권을 잃고서 정치 공동체의 일원과 구별되는 지위로 떨어진 데서 기인한다고 주장했다. 이들은 정치 공동체의 일원이라는 지위를 잃고 인간 종의 일원이라는 벌거벗은 지위로 떨어졌다. 더 이상 어느 국민국가에도 속하지 못하는 이들은 "오로지 인간일 뿐"[5]이었다.

이렇게 최소한의 의미에서 '인간'의 지위로만 축소되었을 때, 바로 이때가 '인권'[human rights, 20세기 초에는 '인간의 권리(rights of man)'라고 불렸다]이 그들에게 유의미한 보호를 제공해야 마땅할 때일 것이다. 유엔이 천명한 바에 따르면, 인권은 인간이 인간이라는 이유만으로 가지는 권리다.[6] 아렌트는 이러한 개념 정의가 인권을 마치 "무언가 인간의 '본성'이라는 것이 있어서 거기에서 직접 솟아 나오는"[7] 것인 양 제시하고 있다고 지적했다. 오늘날에도 인권은 국적, 성별, 언어, 종교, 민족, 또 그 밖의 어떤 지위와도 상관없이 인간이라는 존재 자체에 내재된 본질로 여겨진다. 이런 개념에 따르면 권리는 인간의 속성 자체에 의해 보장되는 것이므로, 세속의 권력이 부여하는 게 아니고 따라서 세속의 권력이 박탈할 수 있는 것도 아니다.

결정적인 요소는, 이런 권리들과 그것이 부여하는 인간의 존엄성이 설령 지구상에 인간이 단 한 명만 남는다 해도 여전히 유효하고 실질적으로 존재해야 한다는 것이다. 그 권리들은 인간이 한 명이건 여러 명이건 상관없이 존재해야 하며 인간이 인간 공동체에서 쫓겨난다 하더라도 여전히 유효해야 한다.[8]

역사적으로 중요한 세 개의 인권 선언문(1776년 미국 독립선언, 1789년 프랑스 인권선언, 1948년 세계인권선언) 모두가 인권은 '양도할 수 없는' 권리라고 천명하고 있다. 다른 모든 것을 잃어도 인권만큼은 천부적인 권리여서, 인간은 언제나 그것에 의지할 수 있다는 것이다.

　하지만 시민권을 잃고 순전히 인간의 지위만 갖게 된 유럽의 소수 민족과 국가 없는 사람들은 인권을 통해 보호받기는커녕 극단적인 폭력에 노출됐다. '시민'이 아니라 '인간'이라는 것은 600만 유대인을 죽음에서 구하지 못했다. 오히려 나치는 유대인들에게서 소위 인권 중 가장 기본적인 권리인 "생명권"을 부인했는데, 이는 유대인들이 어느 나라에서도 "아무런 법적 지위도" 인정받지 못하도록 시민권을 박탈해 그들을 오로지 '인간'의 지위로만 돌려놓은 뒤에야 가능했다.[9] 아렌트는 매우 절제된 어조로 이렇게 설명했다. "세상은 관념상의 벌거벗은 인간 존재에게서 어떤 신성함도 발견하지 못했다." 인권의 측면에서 보면 매우 역설적이게도, 인간으로 존재한다는 것은 유대인에게 "가장 큰 위험"이었다.[10]

　인간으로 존재한다는 것이 보호를 제공해 주는 원천이 아니라 취약함을 일으키는 원인이라면, 소위 '인권'이라는 것이 실질적으로 행사될 수 있게 해 주는 조건이 필요하고, 시민권이 그러한 기능을 한다는 것이 아렌트의 생각이었다. 이론상으로는 흔히 반대 방향으로 상정된다. 18세기 말에 미국과 프랑스에 새로이 생겨난 공화국 정부는 인간이 본래부터 가지고 있는 자연권을 확인하고 보호해 줄 수 있다는 것을 정당성의 원천으로 삼았다. 국민국가의 시민권은 원래부터 존재하는 추상적인 권리를 구체적으로 구현한 것일 뿐이라고 여겨졌다. 하지만 아렌트가 지적했듯이 현실에서는 이 구조가 반대 방향으로 작동했다. 소위 '인간의 권리'는 시민의 권리로서만 누릴 수 있었다. 20세기의 소수 민족과 국가 없는 사람들보다 이를 더 사무치게 알게 된 사람은 없을 것이다. 국적 박탈 조치들로 점점 더 인간의 지위로만 떨어질수록 그들은 한 나라의 국민이 되기를 더 강하게 요구했고 자기 민족이 배제되지 않는 국가 공동체에 일원으로서 재통합되기를 더 절박하게 주장했다. 하지만 국제 사회의 노력에도 불구하고 아무 소용이 없었다.[11]

인권 이론이 이야기하는 바와 인간의 지위로만 떨어진 사람들이 실제로 겪는 경험 사이의 괴리에 대한 긴 논의의 끝에서 아렌트는 '권리들을 가질 권리'라는 구절을 제시한다. 『전체주의의 기원』에 이 구절이 처음 등장하는 대목은 다음과 같다.

새로운 전 지구적 정치 상황으로 말미암아 갑자기 권리들을 가질 권리(이것은 사람이 자신의 행위와 견해에 따라 평가받을 수 있는 틀 안에서 살아간다는 의미다), 그리고 모종의 조직된 공동체에 속할 권리를 잃고 그것을 되찾을 수 없게 된 사람들이 수백만 명이나 생겨나면서, 비로소 우리는 이런 권리가 존재한다는 사실을 깨닫게 되었다.[12]

비교적 안정적으로 자신의 권리들을 누릴 수 있는 시민과 그렇지 않고 권리들을 박탈당한 인간 사이의 격차를 상세히 설명한 뒤, 아렌트는 국민국가의 시민이 될 권리, 아니면 적어도 모종의 조직된 정치 공동체의 일원이 될 권리가 정말로 꼭 필요한, 그러나 잃어버리고 만 바로 그 하나의 권리라고 말한다. 시민이 될 권리가 모든 시민적, 정치적, 사회적 권리들의 행사를 가능케 하는 바로 그 하나의 권리라면, 아렌트가 이것을 가리켜 '권리들을 가질 권리'라고 부른 것은 자연스러운 일이다.

이 권리의 막대한 중요성을 생각할 때, 정작 아렌트가 이 구절을 그리 중요하게 다루지 않았다는 사실은 놀랍다. 아렌트의 가장 유명한 구절인 '악의 평범성(the banality of evil)'은 1963년 저서 『예루살렘의 아이히만(Eichmann in Jerusalem)』에서

부제에도 쓰였고 마지막 장 마지막 문장에서는 드물게도 이 탤릭으로 강조가 되어 있기도 했다. 하지만 『전체주의의 기원』에서 '권리들을 가질 권리'는 지나가는 표현 정도로만 살짝 등장한다. 초판에는 이 구절이 딱 한 번 등장하고, 시민권이 없는 사람들이 결여하고 있지만 절박하게 필요로 하는 종류의 권리를 묘사하기 위한 한 가지 방법으로만 등장한다. 1958년 나온 개정판에는 이 구절이 두 번 나오는데, 두 번째 나올 때도[처음에는 부정관사가 붙었고(a right to have rights), 두 번째에는 정관사가 붙었다(the right to have rights)] 그리 중요하게 취급되지 않았고 해당 장의 중요한 대목에서 등장한 것도 아니었다.[13] 그 구절 이후에도 아렌트는 이 개념에 대한 논의를 전개하기보다 완전하게 발달된 전체주의 운동을 다루는 3부로 넘어가기 위한 준비로서 무권리 상태가 일으키는 고난을 6쪽에 걸쳐 계속 설명한다. 아렌트의 사고에서 '권리들을 가질 권리'라는 개념은 짧게 불타오르기는 했지만 어떤 분기점의 역할을 하지는 않았다.

III

'권리들을 가질 권리'라는 구절은 처음 제시된 지 50년이 지나서야 학자, 활동가, 대중의 관심을 받게 된다.[14] 사실상 수십 년간 이 구절은 잊혀 있었다. 『전체주의의 기원』 자체는 뛰어난 신예 정치 이론가가 쓴 중요한 책으로 찬사 받으면서 곧바로 큰 반향을 불러일으켰지만, 당시에 나온 서평 중 '권리들을 위한 권리'를 언급한 것은 하나도 없었고 그 구절이 나온 장을 언급한 것도 없었다. '악의 평범성'에 쏟아졌던 열광적인, 때로는 비난 서린 반응에 비하면 '권리들을 위한 권리'는 거의 아무런 주목도 끌지 못했다고 말해도 과언이 아니었다. 아렌트 본인도 이 구절에 크게 관심을 두지 않았다. 이후에 권리, 무국적 상태, 폭력, 시민 불복종 등 이와 관련 있을 법한 주제들을 다루면서도 아렌트는 이 구절을 다시 사용하지 않았다.[15]

'권리들을 가질 권리'는 아렌트가 이 개념을 처음 제시한 지 거의 10년이 지난 뒤인 1950년대 말에 세상에 다시 알려졌는데, 아렌트가 아니라 다른 사람이 한 말로 잘못 알려졌다. 이때 이 표현을 쓴 사람은 미국의 얼 워런(Earl Warren) 대법원장으로, 1958년에 두 개의 대법원 판결에서 정부가 시민들에게서 국적을 박탈할 수 있는 권한을 갖는 것에 반대하기 위해 이 구절을 사용했다. 그중 하나인 '페레즈 대 브라우넬(Perez v. Brownell) 사건'(당시 대법원의 다수 의견은 외국에서 투표하는 등 특정 행위를 자발적으로 했을 경우 미국 시민권을 상실하게 된다고 판결했다. 워런은 이에 반대하는 소수 의견을 제출했다―옮긴이)의 소수 의견에서 워런은 "시민권은 권리들을 가질 권리에 다름 아니므로 인간의 기초적인 권리"라고 언급했다.[16] 법원 기록을 보면 워런이 이 표현을 스스로 만든 것이 아니라 아렌트에게서 따온 것이 확실하다. [심의 과정에서 대법관들이 하급심 결정을 참고했는데, 거기에 '권리들을 가질 권리'라는 구절을 언급한 1955년 『예일 법학 저널(*Yale Law Journal*)』의 한 논문이 인용되어 있으며 그 논문은 이 구절의 출처가 『전체주의의 기원』이라고 밝히고 있다.][17] 하지만 워런이 두 판결문 모두에서 이 구절의 출처를 밝히지 않았기 때문에 아주 최근까지도 '권리들을 가질 권리'는 워런이 만든 말로 잘못 알려져 있었다. 구글에서 검색을 해 보면 2000년까지도 대부분의 자료가 이 구절의 저자로 워런을 언급하고 있는 것을 볼 수 있다.

이 구절이 더 널리 알려진 것은 1980년대다. 이때 프랑스의 포스트 마르크스주의 정치철학자 클로드 르포르(Claude Lefort)가 「인권과 복지 국가(Human Rights and the Welfare State)」라는 글에서 한두 차례 이 구절을 언급했다. 이 글은 급진 민주주의의 유용한 자원으로서 인권 개념을 재정립하려는 흐름을 학계에 불러일으켰다. 또한 르포르가 '권리들을 가질 권리'가 아렌트에게서 나온 말임을 밝혔기 때문에 이 구절이 아렌트가 쓴 원전을 통해 사람들에게 알려지는 계기도 되었다. 하지만 이 구절에 대한 르포르의 언급은 매우 제한적이었다.

> 구체적인 언명들을 논외로 하면 [미국 독립선언과 프랑스 인권선언은] **권리들을 가질 권리**(이 구절은 한나 아렌트에게서 따온 것이다. 아렌트는 다소 다른 의미로 이 말을 썼지만 말이다)를 공식적으로 인정했고, 그럼으로써 예측할 수 없는 결과를 가져오게 될 모험을 불러일으켰다.[18]

르포르는 출처가 아렌트의 책 중 정확히 어느 것인지 언급하지 않았을뿐더러, 아렌트의 논의에 대해서는 설명하지 않고 이 구절을 인권에 대한 자신의 주장 안에 밀어넣어 버렸다. 게다가 이 모든 것이 괄호에 들어 있다. 따라서 르포르의 글 자체는 영향력이 있었지만 아렌트가 '권리들을 가질 권리'라는 표현을 제시한 이유나 맥락에 관심을 불러일으키지는 못했다. 르포르가 해석한 바와 비슷한 내용을 이미 아렌트가 『전체주의의 기원』에서 개진했다는 것을 생각하면 특히나 아

이러니한 일이다.[19]

미국 법조계에서는 표절을 하고 프랑스 정치철학계에서는 임의로 가져다 이용하고 다른 모든 곳에서는 아무도 관심이 없는 반세기 정도의 시간이 지난 뒤, 드디어 1990년대 말경부터 '권리들을 가질 권리'와 이 구절을 내놓게 된 아렌트의 논의가 인권 활동가들과 다양한 분야 학자들의 관심을 상당한 정도로 끌기 시작했다. 예를 들면 활동가 중에서는 프랑스 시민권자이지만 관타나모 미군 기지의 수용소에 수감되어 고초를 겪은 니자르 사시(Nizar Sassi)가 2002년에 정치적 투쟁의 필요성을 이야기하면서 이 구절을 사용했다. 그는 관타나모 수용소를 이렇게 묘사했다. "그곳에 대해 정의를 내리고 싶다면, 권리들을 가질 권리가 없는 장소라고 말할 수 있을 것이다."[20] 몇 년 뒤에 오바마 행정부가 법적인 허가 없이 미국에 체류하며 일하는 비시민권자에 대한 단속을 강화하자, '라틴 아메리카 북미 회의(North American Congress on Latin America)'는 직접 펴내는 기관지에서 "국민국가 시스템은 사실상 이주 노동자들에게… '권리들을 가질 권리'를 부인하고 있다"[21]고 비판했다. 또 2015년 5월 아일랜드 국민투표에서 동성혼 법제화에 찬성하는 결과가 나오자 이탈리아의 한 좌파 정치인은 이것이 전통적으로 가톨릭 국가였던 이탈리아에 교훈을 주는 데만 그치지 않고 "권리들을 가질 권리의 아름다움이 획득한 승리"[22] 이기도 하다며 환영했다. 같은 해 10월에는 유럽이 2차 대전 이후 최대 규모의 강제 이주민 및 난민 위기에 직면해 있다는 사실이 명확해지자 유럽 NGO들의 네트워크인 '유럽 난민과 망명자 회의(European Council on Refugees and Exiles)'는 "난민도 권리들을 가질 권리가 있습니다"라는 슬로건 아래 이들에 대한 관심을 촉구하는 SNS 캠페인을 벌였다.[23]

활동가들이 '권리들을 가질 권리'를 단순히 인권의 유의어로 여겼다면, 학계에서는 조금 더 분석적인 해석이 시도되었다. 처음에는 정치 이론 분야에서, 그리고 곧 사회학, 문학, 정치학, 법학 등 다양한 분야에서 많은 연구가 이뤄졌다. 터키계 미국인 정치 이론가 세일라 벤하비브(Seyla Benhabib)는 이 구절에 관심을 가진 초창기 학자에 속한다. 벤하비브의 명료한 해석은 1996년 출간된 『한나 아렌트의 마지못한 모더니즘(The Reluctant Modernism of Hannah Arendt)』에서 처음 제시되고 이후 여러 저술에서 더 정교화되면서 널리 영향을 미쳤다.

벤하비브의 핵심 관심사 중 하나는 '권리들을 가질 권리'의 토대가 무엇인가라는 문제였다(이 책 1장에서 스테파니 데구이어도 이 문제를 논한다). 이 구절은 권리들을 가지려면 먼저 정치 공동체에 소속되어 있어야 한다는 깨달음에서 나왔다. 그런

데 그것을 '권리들을 가질 권리'라고 부름으로써 아렌트는 모순이 생길 가능성 또한 분명히 드러냈다. 정치 공동체에 속해야만 권리를 가질 수 있다면 정치 공동체에 속하지 않은 사람은 정치 공동체에 속할 권리를 어떻게 주장할 수 있는가? 벤하비브는 '권리'라는 단어가 두 번 쓰이는 바람에 알아보기 어렵게 되었지만 단수형으로 쓰여진 권리와 복수형으로 쓰여진 권리(들)가 서로 다른 범주에 속한다고 설명했다. 단수형의 권리는 모든 개인이 소유한 도덕적 자격, 복수형의 권리(들)는 시민만이 소유한 법적 자격이라는 것이다. 그런데 이렇게 구분하면 자체 모순으로 붕괴하는 것은 피할 수 있지만 "전자의 권리(도덕적 권리)의 토대는 무엇인가"라는 질문이 제기된다. 벤하비브는 이것이 매우 긴요한 질문이라고 보았다. 벤하비브는, 아렌트 자신은 공동체에 소속되어야 한다는 도덕규범적 권리의 토대가 무엇인지에 대해 구체적으로 설명하지 않았고,[24] 그럼으로써 권리들을 가질 권리의 "도덕규범적 토대와 관련해 우리를 불안정한 상태로 남겨 놓았다"[25]고 언급했다. 벤하비브는 이 문제를 해결하는 유일한 방법은 "아렌트의 글 자체에만 집중하는 분석을 넘어서는 것"[26]이라며, '권리들을 가질 권리'의 토대는 각각의 인간이 자유롭고 이성적인 주체이며 그 자체로 목적이라는 칸트의 개념이라고 주장했다.[27]

이 권리는 모든 인간이 단순히 "인간 종에 속한다"는 이유만
으로 갖게 되는 권리라는 것이다.[28] 즉 '권리들을 가질 권리'
는 전통적인 인권 개념의 아렌트식 표현이라는 것이 벤하비
브의 해석이었다.

앞에서 언급했듯이, 아렌트는 국민국가의 시민이 아닌 채
로 단지 인간의 지위만 갖는 것이 현실에서 권리를 보장하
기에 충분한가에 대해 크게 회의적이었다. 하지만 벤하비브
는 아렌트가 너무 성급히 국민국가의 시민권만이 개인의 권
리를 안정적으로 보장할 수 있는 틀이라는 결론에 도달했다
고 보았다.『전체주의의 기원』이 나온 이래 국제법과 국제 정
치가 크게 변화하면서 시민이 아닌 사람들도 인권을 주장하
고 행사할 수 있는, 국민국가 수준을 넘어서는 법적인 장과
체계가 생겼으며 그 실효성도 점점 커지고 있다는 것이었다.
이러한 변화 중 굵직한 것으로 1948년의 세계인권선언, 1951
년의 '난민의 지위에 관한 협약(Convention Relating to the Status of
Refugees),' 1976년(1966년에 채택되고 1976년에 발효되었다―옮긴이)
의 '시민적, 정치적 권리에 관한 국제 규약(International Covenant
on Civil and Political Rights)'과 '경제적, 사회적, 문화적 권리에 관
한 국제 규약(International Covenant on Economic, Social and Cultural
Rights),' 그리고 이런 것들의 준수와 이행을 위해 만들어진 유

엔인권고등판무관, 유엔난민고등판무관, 유럽인권재판소 같은 국제기구와 제도들을 꼽을 수 있다.

벤하비브는 너무나 자주 국민국가가 "영토를 배타적으로 유지하는 것이 외부의 어떤 제도나 규범도 침해할 수 없는 국가 주권에 속한다"[29]는 전제에서 행동한다는 점은 인정했다. 하지만 '권리들을 가질 권리'가 아직 모든 인간을 대상으로 실현될 만큼 확립되지는 않았다 해도, 국내외의 주요 정치 행위자들이 이를 반영하도록 압력을 가하는 규범상의 이상으로는 자리 잡았다고 보았다. 다른 말로, 국가 주권이 점점 더 국제적인 법적 규범에 의해 제약을 받고 있다는 것이다. 그뿐 아니라 그러한 규범들은 사법적 기구, 휴먼라이츠워치(Human Rights Watch) 같은 국제 비정부 기구, 그리고 일반 시민의 개입을 통해 점점 더 모든 사람을 아우르는 보편적 방식으로 해석되고 있다. 벤하비브는 이 세 행위자 모두의 해석적 행위들이 상호 작용을 일으키면서 국민국가가 무국적자, 소수 민족, 난민, 미등록 이주자 등 비(非)시민들을 향한 자신의 무관심과 적대를 직시하고 해결책을 찾도록 독려할 수 있을 것이라고 보았다. 요컨대, 벤하비브는 '권리들을 가질 권리'가 점점 더 법 제도의 틀 안에서 표현되고 구체화되고 실행 가능해지고 있다고 주장했다. 이런 점들을 바탕으로, 벤하비브는 "오늘날 권리들을 가질 권리는 모든 인간이 국적에 관계없이 인간으로서 갖는 보편 지위를 인정하는 것을 의미한다"[30]고 결론 내렸다.

IV

　'권리들을 위한 권리'에 대한 벤하비브의 해석은 정치학자들과 인권 활동가들 사이에서 이 표현에 대해 큰 관심을 불러일으켰다. 그럴 만도 했다. 벤하비브의 해석이 아렌트가 슬쩍 던진 이 구절을 활동가들이 반복적으로 읊는 구호도 아니고 학자들이 해결해야 할 학문적 수수께끼도 아닌, 정치 공동체의 경계에(심지어는 경계를 벗어나) 존재하는 사람들이 겪는 끔찍하고 위험한 상황을 분석하는 개념적 도구로 삼고 있기 때문이다. 또한 벤하비브는 배제된 사람들을 다시 포용하고 배제를 되풀이하지 않을 수 있는 정치적, 법적 변화를 촉구하기 위해 이 구절을 이야기했다. 그리고 '권리들을 가질 권리'라는 표현을 의회 정치, 국제법, 공공 논쟁의 언어로 해석함으로써 정치적, 법적, 문화적 제도들의 힘을 현실 세계에서 효과를 발휘할 수 있는 방식으로 이끌어 낼 기회도 불러올 수 있었다.

그럼에도, 이 구절에 대한 벤하비브의 해석은 많은 질문을 여전히 질문되지 않거나 답해지지 않은 채로 남겨 놓고 있다. 우리는 이 책에서 '권리들을 가질 권리'에 대한 대안적 관점을 제공할 수 있길 바라면서 그러한 질문들을 정교화하고 면밀히 고찰하고자 했다. 우리는 '권리들을 가질 권리'의 의미를 제대로 읽어 내려 노력한다면, 아렌트의 글을 통해 우리가 깨닫고 싶은 것이 무엇인가를 말하기보다 아렌트가 실제로 무엇을 썼는가를 설명하는 데 집중할 수 있게 될 것이라고 생각한다. 이것이 우리가 이 책에서 취한 접근 방법이다. 우리의 목적은 '권리들을 가질 권리'를 합당한 원래 주인에게 돌려주자거나 이 구절에 대해 원저자인 아렌트가 승인할 법한 해석은 무엇일까를 생각해 보자는 것이 아니다. 오히려 우리는 아렌트 자신도 알지 못했을 의미들의 실타래들을 풀어 가면서 아렌트가 예상하지 못했을 방향들로 그 실마리들을 따라가 보고자 한다. 그 과정에서 우리는 '권리들을 가질 권리'가 고정된 의미를 가진 하나의 상징 기호로 읽히는 것에 저항하는 여러 방법들에 계속해서 주의를 기울일 것이다. 사실 우리는 벤하비브가 "아렌트의 글 자체에만 집중하는 분석"에 대해 경고한 것도 '권리들을 가질 권리'라는 구절이 갖는 모호하고 복잡한 의미들과 씨름하기를 회피하려는 시도로 읽힐 수 있다고 본다.

　1장에서 데구이어는 이 구절에 단수형으로 나오는 '권리'의 지위가 무엇인지를 정면으로 다룬다. 일반적으로 이 권리는 복수형으로 표현된 시민적, 사회적, 경제적, 정치적 권리들의 '규범적 토대'로, 아니면 '수행성을 발휘하는 권리'로 해석된다. 하지만 이러한 해석은 '권리'라는 단어를 두 번 반복해 사용하면서 아렌트가 드러내고자 한 불안을 간과하는 것이다. 아렌트는 양차 대전의 여파 속에서 국가 없는 소수자들이 권리들을 완전히 상실한 역사적 사실을 설명하면서, 또 (철학적으로는 아니라 해도) 실천적으로 에드먼드 버크(Edmund Burke)의 보수주의 사상과 씨름하면서, 이 불안을 표현했다. 데구이어는 아렌트의 서술이 가진 '시간성'(권리들을 가질 권리는 그것이 이미 상실된 상황에서만 도출될 수 있다)에 특히 주목하면서, 단수형으로 쓰인 '권리'에 급진적인 중요성을 부여하는 것이 과연 옳은지에 대해 문제 제기한다. 우리는 '권리들을 위한 권리'를 역사적 맥락과 별개로 존재하는 공리나 해법으로 보기보다 아렌트가 이것을 위치시켰던 역사에 대해 면밀하게 고찰해야 한다. 이러한 역사성을 살펴보는 것은 오늘날 그 어느 때보다 더 중요하다.

　아렌트의 분석에서 권리들이 그것의 상실을 통해서만 드

러난다면, 권리를 '갖는다'는 것은 어떤 의미일까? 2장에서 라이다 맥스웰이 이 질문을 다룬다. 권리를 개인이 '소유'할 수 있는 일종의 자산이라고 보는 것은 근현대 권리 개념의 기본 가정이다. 이 가정으로 인해 권리 담론은 자유주의 사상에서는 매우 소중히 여겨졌고 마르크스주의 사상에서는 그만큼이나 혐오스럽게 여겨졌다. 하지만 맥스웰은 아렌트가 이러한 가정에 비판적이었음에 주목하면서, 권리를 '가진다'는 것에 대해 아렌트가 새로운 해석을 제시했다고 본다. 소유의 개념으로보다는 공동체를 창조하는 지속적이고 집단적인 프로젝트로 보는 것이다. 맥스웰은 이 개념이 '공동체의 건설'을 핵심에 둔다는 점에서 더 긍정적인 개념이지만, 도덕적 확실성이나 방향성이 보장되지 않는다는 점에서 더 양가적이고 불안정한 개념이기도 하다고 설명한다.

3장에서는 새뮤얼 모인이 복수형으로 표기된 '권리들'에 대한 분석을 통해 아렌트가 시민권을 다원화하고 확장하고 실현하는 데 얼마나 깊은 관심이 있었는지를 설명한다. 정치 이론에 대한 나머지 저술들에서 아렌트는 시민권의 최종적인 비전을 권리의 용어로 제시하는 것을 꺼렸다. 아렌트는 악명 높게도 정치의 관심사에서 사회적인 문제들을 배제했고, 그럼으로써 그의 시대에 매우 중요한 사안이었던 사회 복지 프로젝트들을 신랄하게 비판한 것으로 유명하다. 모인은 권리들을 (그게 무엇이건) 가능케 하는 전제 조건인 포용적 시민권에 대한 아렌트의 이론을 되살릴 필요가 있다는 점은 인정하지만, 강고한 시민권을 권리의 언어로 상상하는 것에 대해 아렌트가 가졌던 회의적 태도를 감안하지 않는다면 아렌트의 사고를 제대로 파악하지 못하게 되리라고 본다. 아렌트가 사전적(事前的)인 소속의 권리만이 아니라 복수 형태로 쓰여진 구체적인 권리들에도 관심이 있었다면, 이것은 규범적 가치의 문제가 아니었다고 봐야 한다. 규범적 가치의 영역보다는 다른 영역, 가령 다원성을 지키기 위한 제도적 시스템의 수준에서 이 문제를 고찰하는 게 더 유의미해 보인다. 여기에서 국내외 권리 체제들은 그러한 다원성의 제도를 추구하는 한 가지 방법이라고 생각해 볼 수 있다.

1~3장은 이 구절에 등장하는 단어를 화두로 논의를 전개했지만, 4장에서 알라스테어 헌트는 권리들을 가질 권리의 '담지자'가 명시적으로 언급되지 않은 이유를 분석한다. 권리들을 가질 권리의 주체는 자명하게 '모든 인간'이라는 것이 거의 일반화된 해석이지만, 헌트는 이 구절에 주어가 생략되어 있다는 바로 그 점이 인간만이 권리의 주체라는 가정('인권'이라는 표현에서 너무나 잘 드러나는 가정)을 비판적 성찰 없이 반복

하는 것의 위험성을 경고하는 기능을 한다고 본다. 이 장에서 헌트는 잘 알려지지는 않았지만 아렌트가 인권 개념을 생명관리정치적(biopolitical) 판타지라고 비판했던 것, 그리고 '권리들을 위한 권리'라는 구절을 권리 주체가 누구인가에 대한 기존의 가정들에 비판적으로 문제 제기할 수 있는 자원으로서 제시했던 것을 염두에 두면서 논의를 전개한다. 그는 이 두 가지를 면밀히 검토하면 '인간 종'에 속한다는 것이 권리들을 가질 권리의 주체가 되기에 필요조건도 충분조건도 아님이 드러난다고 설명한다. 인본주의(humanism)에 사로잡힌 데서 벗어난다면, '권리들을 가질 권리'는 정치 공동체의 조건인 '진정한 다원성'이 이미 다양한 방식으로 우리와 함께 살고 있는 비인간 생명체도 포함한다는 점을 우리가 인식하게 해 줌으로써 급진 민주주의 프로젝트를 재설정할 수 있게 도와줄 것이다.

1장

●

권리들을 가질 '권리'

스테파니 데구이어(Stephanie DeGooyer)

인간이 어떤 권리를 가진다는 말은 특정한 효용, 혹은 경험을 누릴 자격을 얻는다는 말이다. 그는 건강, 주거, 변호사 선임, 불리한 진술 거부 등 구체적이고 실물적인 무언가를 누리거나 소유할 자격이 자신에게 있음을 주장할 수 있다. 그렇다면, 한나 아렌트가 '권리들을 가질 권리'라고 했을 때 이것은 무엇을 지칭한 것이었을까? 이는 보기보다 매우 복잡하고 어려운 질문이다. 아렌트가 말한 구절에서 단수 형태의 권리는 소유될 수 있는 권리라기보다 다른 권리를 소유하기 위한 수단을 말하는 것으로 보인다. 프랭크 마이클먼(Frank Michelman)이 말한 '획득 권리(acquisition right),'[1] 또는 일종의 '초권리(super right)'를 의미한다고 생각할 수 있을 것이다. 인권의 인본주의적 프레임을 비판한 것으로 유명한 아렌트가 왜 이런 종류의 권리 개념을 제시했을까?

1949년 가을, 신생 조직 유엔의 세계인권선언 선포를 환영하는 분위기가 한창이던 와중에, 아렌트는 국민국가의 제도적 보호를 상실한 사람들에게는 인권이 아무런 구체적인 보호를 제공하지 않는다고 단언했다.[2] 인권은 시민권 같은 구체적인 소속권을 요구하지 않고도 작동하는 것처럼 보이기 쉽지만, 전후에 수백만 명의 난민과 무국적자가 절실히 알게 됐듯이 권리들은 그것을 집행하고 강제해 줄 국가 없이는 아무 효력을 발휘하지 못했다. 아렌트는 인권이 시민권을 넘어서는 무언가가 될 수 있으려면 추가적인 권리를 필요로 한다는 결론에 도달했고, 그 권리를 '권리들을 가질 권리'라고 불렀다. 아렌트는 이렇게 설명했다.

새로운 전 지구적 정치 상황으로 말미암아 갑자기 권리들을 가질 권리(이것은 사람이 자신의 행위와 견해에 따라 평가받을 수 있는 틀 안에서 살아간다는 의미다), 그리고 모종의 조직된 공동체에 속할 권리를 잃고 그것을 되찾을 수 없게 된 사람들이 수백만 명이나 생겨나면서, **비로소** 우리는 이런 권리가 존재한다는 사실을 깨닫게 되었다.[3]

'권리들을 가질 권리'는 두 가지의 핵심적인 특징으로 다른 권리들과 구별된다. 첫째, 이것은 보충적인 권리고, 둘째, 더 아리송하게도, 이것은 상실된 권리다. 이것은 인권 일반을 위한 틀을 제공하는 권리다(따라서 일반적인 인권들과 구분된다). 하지만 이 권리는 그것을 **상실하고 나서야**, 즉 그것을 잃은 사람들이 갑자기 수백만 명이나 생겨나면서 **비로소** 존재하게 되는 권리다. 따라서 '권리들을 가질 권리'는 이중으로 역설적이다. 인권의 전제 조건으로서 생겨나는 권리지만, 인권의 실현이 실패했음을 깨닫고 나서야 비로소 드러나는 권리인 것이다. 도래할 가능성이 이미 사라진 후에야 그것의 존재를 알게 된다는 의미에서 이 권리는 '사후적인 권리'라고도 말할 수 있을 것이다.[4]

그렇다면, 어떤 의미에서 단수 형태로 쓰인 '권리'를 국민국가의 시민에게만 생기는 권리들과 구별되는 것으로 이해할 수 있을까? 아렌트는 인권 개념을 비판하면서 시민적 권리와 보편적 권리가 동어 반복적인 관계라고 지적했다. 그렇다면 아렌트가 이 구절에서 '권리'라는 말을 두 번 사용한 것은 단지 그런 동어 반복적 관계를 다시 강조한 것일 뿐이었을까? 아니면 단수 형태의 '권리'를 정치 질서와 권리에 대한 새로운 비전으로 제시함으로써 인권과 시민권 사이의 개념적 교착을 해소하려 한 것이었을까? '국가 없는 사람들이 정치 공동체에 소속될 권리'라는 것은 선험적인 권리 원천이 있음을 주장하지 않고서 말하는 것이 불가능해 보이는데, 선험적인 권리 원천은 아렌트 자신이 인권 개념을 분석하면서 길게 비판한 바로 그 종류의 권리가 아닌가?

이러한 불일치를 해소하고자 한 연구가 학계에서 많이 이뤄져 왔다.[5] 하지만 나는 이 구절이 담고 있는 철학적인 교착보다 이 구절이 『전체주의의 기원』 9장에서 어떤 기능을 하는지에 초점을 맞추고자 한다. 아렌트가 '권리들을 위한 권리'라는 표현을 쓴 것은 이 책에서가 두 번째이자 마지막이며, 처음 이 구절을 쓴 것은 이보다 2년 전 『모던 리뷰』에 게재한 글에서였다. 이 첫 번째 글에서 아렌트는 권리들을 가질 권리를 "어쩌면 회복될 수 있을지도 모르는" 권리로 보았다. 하지만 『전체주의의 기원』을 쓴 무렵이면 아렌트는 어떤 권리도 전후 국민국가 시스템이 해체되면서 발생한 피해를 고칠 수 없으리라고 생각하게 되었고, 이런 회의적인 태도가 이 책에 드러난다. '권리들을 가질 권리'의 이론적인 궁지는 국가 없는 난민들이 처한 실제의 곤경에서 현실화된다. 이들의 상황은 권리들을 가질 권리 자체만으로는 이들을 그러한 곤경으로 몰아넣은 국가에 아무런 압력도 가하지 못한다는 사실을 적나라하게 보여 준다. 국민국가의 시민은 '권리들을 가질 권리'라는 특권을 당연하게 여길 수 있지만, 시민권이 박탈된 사람은 '권리들을 가질 권리'라는 것이 그들이 상실한 것들을 되돌려 주기에 전혀 충분치 않다는 것만을 절실히 깨닫게 될 뿐이다.

『전체주의의 기원』에 제시된, 즉『모던 리뷰』때보다 회의적인 의미를 담고 있는 '권리들을 가질 권리'에 초점을 두면, 우리는 이 구절을 도덕적 토대나 (국가의 존재를 필요로 하지 않고 작동하는—옮긴이) 무정부주의적 동인으로 보는 일반적인 해석을 수정하게 된다. 하지만 그래도 아렌트는 에드먼드 버크식 보수주의의 냉소적 태도로까지 가지는 않았다. 얼핏 자명해 보이는 개념의 복잡성이 여기에서 한 번 더 드러난다. 버크는 특정 국가의 시민으로서 갖는 권리의 외부에 존재하는 보편 인권이란 있을 수 없음을 보여 주는 증거로 이 역설을 제시했다. 하지만 이 장에서 나는 '권리들을 가질 권리'가 변혁의 일관성 있는 모델로서 효과를 발휘할 수는 없음이 판명되었다

해도, 아렌트에게 이 개념은 역사적 진단을 위한 강력한 도구로서 여전히 유의미한 기능을 했음을 보여 줄 것이다. 아렌트에게 이 구절은 인권 개념의 부상에 따른 불가피한 귀결인 권리 박탈 조치들에 초점을 두게 하는 방법이기도 했다.

I

'권리들을 가질 권리'에 대해 학계에는 크게 두 개의 해석이 존재한다. 첫째는 규범적 해석이다. 정치학자 세일라 벤하비브에 의해 널리 알려진 해석으로, 이 구절에 등장하는 단수형의 '권리'를 인권을 가능케 하는 (법적 토대라기보다는) 도덕적 토대로 본다. 이 권리는 우리가 깨끗한 물에 대한 권리, 건강에 대한 권리 등 구체적인 법적 권리들을 **마땅히 가져야 한다**고 명령하는 권리이고 모든 인간에게 보편적인 권리다. 두 번째 해석은 이 권리를 '수행성을 발휘하는(performative)' 권리로 보는 해석이다. 이는 주디스 버틀러(Judith Butler)와 같은 학자들이 개진한 해석으로, 단수형의 권리가 근본적으로 토대를 갖지 않는다고, 즉 그 자체로 법에서 권위나 실체화의 힘을 갖지는 않는다고 본다. 이들에 따르면, 바로 이 '토대 없음'이 권리들을 가질 권리가 새로운 권리들을 만들어 내는 촉매로 작동할 수 있는 가능성을 제공한다. 가령, 어떤 사회에서 배타적인 헤게모니에 기반한 조치나 제도가 실행되고 있을 때 사람들이 모여 그에 대해 문제를 제기하기 위해 '권리들을 가질 권리'를 주장할 수 있고, 바로 이 '발화 행위'로부터 새로운 권리가 만들어질 수 있다.

규범적 해석을 주장하는 대표적 학자는 벤하비브다. 벤하비브는 단수형으로 제시된 권리가 규범적 이상이라는 칸트적 의미에서 도덕적 주장이라고 본다. 이것은 "각각의 인간이 어떤 국적이나 시민권을 가지고 있기 때문이 아니라 인간이라는 자격 자체에 의해 기본적인 인권을 부여받은 주체"라는 것을 전제한다.[6] 벤하비브는 아렌트가 규범적 토대에 대한 논증을 명시적으로 개진하지는 않았지만, 그럼에도 아렌트의 입장이 인간 종에 속하는 모든 구성원의 평등을 인간의 기본 조건이라고 보는 "인류학적 보편주의"를 전제하고 있다고 주장했다.[7] 벤하비브는 '권리들을 가질 권리'가 인본주의적 개념을 토대로 하고 있다며 다음과 같이 언급했다. "이 구절에서 단수형의 권리는 인류 자체로서의 인류를 대상으로 이야기되고 있으며 우리가 (모든 이에 대해—옮긴이) 모종의 인간 집단에의 성원권을 인정하도록 명령한다."[8]

하지만 벤하비브의 해석은 몇 가지 모호한 점을 낳는다. 권리들을 위한 권리는 누가 주장하는가? 그리고 누가 이 주장을 승인하고 인정하는가? 이 질문에 대해 벤하비브는 철학에서 말하는 '해체(deconstruction)' 개념을 차용해 "권리들을 가질 권리를 주장하는 사람을 권리 담지자로서 승인하는 상대방이 누구인지는 결정되어 있지 않고 열려 있다"고 말한다.[9] 하지만 벤하비브는 여기에서는 권리 주장을 승인하는 사람이 누구인지가 결정되어 있지 않다고 했으면서도 다른 곳에서는 국제기구와 국가적, 초국가적 법적 제도들이 권리들을 가질 권리의 도덕적 토대를 실현하고 집행하는 힘을 가진다고 주장했다. 벤하비브는 이러한 기구 및 제도의 실천을 자크 데리다(Jacques Derrida)가 제시한 '반추(iteration, 차이를 가진 반복—옮긴이)' 개념을 빌려 "민주적 반추(democratic iteration)"라고 표현했다.[10] 반복되는 실천에 의해서 점차적으로 국내외 제도들이 개인들의 권리 보호를 실현해 내리라는 것이다. 그런데 벤하비브의 해석에서 이러한 진보는 (방향성을 부과하는—옮긴이) 강제적 힘에 의한 것이다. 원래 데리다가 제시한 개념에서는 반추가 "인용과 반복이 잘못된 방향으로 갈 수 있는 역량"을 의미했다. "잘못된 방향"이라는 말에 내재된 무(無)방향성이 암시하듯이, 데리다는 이 움직임에 긍정적이거나 부정적인 속성을 부여하지 않았다.[11] 이와 달리 벤하비브는 '긍정적 해체'라 부를 만한 과정을 제시하고 있다. 벤하비브는 모종의 코스모폴리탄적 실체들["공적인 입법 기관"과 "시민 사회단체들과 언론과 같은 준(準)공적 제도" 등으로 모호하게 언급했을 뿐 명확한 개념화를 하지는 않았다]이 무국적자 및 난민의 최선의 이익을 위해 점점 더 많은 활동을 벌이게 될 것이며, 그에 따라 현대의 제도, 특히 법적 제도들이 윤리적 목적을 갖게 될 것이라고 믿었다.

최소한으로 말해서 벤하비브는 낙관주의자라고 볼 수 있을 것이다.[12] 벤하비브의 해석에서 단수형의 권리와 복수형의 권리는 서로 다른 존재 질서에 속하는 것으로 쉽게 구분된다. 단수형의 권리는 인간 본성에 기초한 도덕적 자격이고, 복수형의 권리(들)는 시민에게 인정되는 법적 자격이다. '권리들을 가질 권리'에서 권리라는 단어가 두 번 쓰인 것은 '모종의 조직된 공동체에 속할 권리,' '인간에 속할 권리,' 또는 '시민이 될 인간의 권리'를 말하는 수사적인 표현에 불과하다. 벤하비브에게 '권리들을 위한 권리'는 모든 인간이 이미 소유하고 있는, 반박 불가능한 주권적 자격이다. 모든 인간이 '이미' 소유하고 있으므로, 여기에 필요한 것은 법적 제도로 옷을 입히는 것뿐이다. 이렇게 해서, 벤하비브는 이 권리가 법적 기능은 아니라 해도 도덕적 기능을 발휘할 수 있게 하는 규범적 토대를 드러냈다. 벤하비브는 아렌트가 말한 '권리들을 가질 권리'에 이러한 규범적 토대가 암시되어 있다고 보았다. 하지만 이러한 해석은 아렌트가 처했던 딜레마를 해결해 주지 못한다. 벤하비브는 "인간으로 존재한다는 것 자체"가 시민권(성원권)의 토대라고 보았는데, 이는 아렌트가 그것 자체로는 어떤 권리들도 산출할 수 없음을 보였을 뿐 아니라 정치의 조건인 다원성을 파괴적으로 회피하는 것이라고 비판하기까지 한 바로 그 형태에서 성원권의 토대를 찾은 셈이 된다. 아렌트는 보편적인 인간 본성이 권리의 토대라고 보는 개념이 어떻게 하면 다양한 사람들과 함께 정의로움의 원칙에 따라 살아갈 수 있을지를 알아내야 하는 어려운 임무를 순진하게 혹은 이데올로기적으로 회피하는 것에 다름 아니라고 비판한 바 있지 않은가?

한편, '권리들을 위한 권리'에 대한 두 번째 해석은 이 구절이 드러내고 있는 약점, 즉 권위의 결여야말로 정치적 가능성이 존재하는 장소[토대를 결여하고 있다는 의미에서 비(非)장소라고 말할 수도 있겠다]라고 본다. 에티엔 발리바르(Étienne Balibar)는 이 구절이 토대를 갖지 않는다는 점이 바로 새로운 권리들의 발명을 가능케 해 주는 요인이라며 이렇게 언급했다. "[아렌트는] 아나키의 역설적인 원칙, 즉 권위의 '비(非)권력성'이나 우연성을 아르케(근원―옮긴이)의 핵심, 혹은 정치적인 권위의 자리에 위치시킬 수 있는 수단을 찾아냈다."[13] 이를 설명하는 또 다른 방법은, 권리들을 위한 권리가 '수행성을 갖는 권리'라고 보는 것이다. 수행성을 갖는 권리란, 언어로 발화됨으로써 실제로 존재하게 되는 권리를 말한다. 수행성(performativity)은 1950년대에 언어학자 J. L. 오스틴(J. L. Austin)이 발달시킨 개념으로, 발화가 현실에서 실제로 새로운 상황이나 효과를 불러오는, 발화의 실질적인 힘을 일컫는다. 수행적 발화의 고전적인 사례로는 "이 자리에서 나는 당신들을 부부로 선언합니다"라고 말하는 것이나 "이로써 본인은 이 배를 ○○호라고 명명하노라"라고 말하는 것 등을 들 수 있다. 수행성 개념은 권리들을 가질 권리가 갖는 권위의 문제를 고찰하는 데 매우 유용하다. '권리들을 가질 권리'라는 구절을 말하는 발화 자체가 발생시키는 효과가 무엇인지를 포착할 수 있을 뿐 아니라 (공동체에 속할 권리가 없었던 곳에 그 권리의 존재를 상정하는 효과를 낳는다), 아렌트가 권리들을 가질 권리라는 것이 존재함을 논증하는 데 왜 그렇게 내용을 적게 할애했는지도 짐작하게 해 준다. 주디스 버틀러는 이렇게 설명했다. "여기에서 아렌트는 권리들을 가질 권리를 **주장**함으로써 권리들을 가질 권리를 **형성**하고 있다. 그것이 발화되었다는 것 자체를 제외하면 이 주장에는 어떤 토대도 없다."[14] 즉 아렌트가 9장의 말미에서 단지 이 구절을 발화함으로써 이 권리가 실제로 존재하게 만들었다는 것이다.

나는 수행적 해석에 근본적으로 반대하지는 않지만, 규범적 해석과 마찬가지로 이 해석도 거의 강요적이라 할 만큼 과도하게 긍정적으로 보인다. '토대 없음'이 새로운 권리들이 수행성을 발휘할 수 있게 하는 조건이 된다는 점을 강조하는 것은 좋지만, 그렇더라도 우리는 아렌트의 논의에서 이 구절이 갖는 약점의 중요성 또한 온전하게 다뤄야 한다. 공동체에 속할 권리를 발화하는 '수행 행위(performance)'는 청중을 필요로 한다. 그 발화를 인지하고 그것이 요구하는 바에 정당성을 부여해 줄 공동체가 먼저 존재해야 하는 것이다. 그런 청중이 없다면 권리 주장은 알아듣지 못할 소음, 받아들여질 수 없는 행동이 되고 만다. 물론 역사상 세계 각지에서 수많은 사람들이 다양한 맥락에서 무수히 시도해 왔듯이 권리를 주장하는 발화 행위가 어쨌든 수행될 수는 있으나, 그것이 성공적으로 수행성을 발휘하려면 권리 주장을 되풀이해서 발화하는 것 이상의 무언가가 필요하다. 그 발화가 외부적 권력, 가령 국민국가 같은 것에 의해 인지되고 인정되어야 하는 것이다. 일례로, 2014년에 미시간주 디트로이트에서 수도 요금을 못 낸 수

천 명의 거주자에 대해 도시 당국이 수도를 끊자 이들이 도시 당국을 상대로 소송을 제기했다. 판사는 "물은 생명을 지탱하는 데 꼭 필요한 요소이긴 하지만" 물에 대해 "법적으로 강제 가능한 권리"가 존재하지는 않는다며 원고 패소 판결을 내렸다. 그러자 거주자들은 유엔에 탄원하면서 물에 대한 권리는 인권이라고 주장했다.[15] 이들이 인권을 주장한 것이 화제를 불러일으키는 용도로 큰 가치를 갖는다는 점은 아렌트도 인정했을 것이다. 하지만 대중과 언론의 관심을 불러일으킬 수는 있었을지언정 그들의 주장이 미국 법 안에 물에 대한 권리를 생성해 낼 강제력을 가질 수는 없었다. 이 경우, 인권에의 호소는 시민적, 국가적 맥락에서 그것을 강제할 집행력이 부재하다는 것을 더 여실히 보여 주었을 뿐이다. 유엔은 '권고'를 할 수 있었고 '사실 확인' 작업을 개시할 수도 있었지만, 물에 대한 법적 권리를 승인하는 것은 할 수 없었다.

게다가 권리 주장, 혹은 권리 발화는 무언가를 발생하게 할 수도 있지만 그렇게 하는 데 실패할 수도 있다. 난민 지위를 원하는 사람의 주장은 해당 국가에서 인정되지 않을 수 있다. 그들은 아무도 듣는 이 없는 채로 발화를 계속 반복해야 할지도 모른다.[16] 인정해 주는 공동체의 존재가 필요하다는 것은 마이클먼이 권리들을 가질 권리가 갖는 "자기 지시적 곤경"이라고 부른 것, 혹은 토머스 키넌(Thomas Keenan)이 권리들을 가질 권리의 "슬픈 사실"이라고 말한 것의 사례다.[17] 공동체에 소속될 권리를 주장하는 것이 인정되려면 그것을 주장하는 사람은 이미 공동체에 소속되어 있어야 한다. 소속 자체가 소속될 권리를 주장할 수 있기 위한 전제 조건인 것이다.

해방적인 결과를 도출하고자 헌신하고 있긴 하지만, 두 해석 모두 소속 자체가 소속의 권리를 주장하기 위한 전제 조건이라는 재귀적 순환 논리를 해결하지 못한다. 아렌트의 논의에서 '권리 없는 사람들이 어떻게 정치적 주체가 될 수 있는가'의 문제를 이론화하기 어려운 것이 바로 이 때문이다. 아렌트에 따르면 공동체 없이 존재한다는 것은 아무 권리도 갖지 못한다는 것을 의미한다. 따라서 공동체에 속할 권리에 대해 수행적인 주장을 하려면 법이 인식하거나 인정하지 못하는 수행을 해야 한다는 말이 된다. 그렇다면, 규범적 해석과 수행적 해석 둘 다의 가장 큰 문제는 "공동체의 의도적인 결정에 의해 강제로 공동체에서 배제된 무권리자들이 그 동일한 공동체에 속할 권리를 어떻게 말할 수 있는가"와 관련해 아렌트의 사상이 보여 주는 적극적인 불확실성을 회피한다는 데 있다. 수행적인 권리 주장이 승인되리라는 보장은 없다. 특히 그것을 주장하는 사람들이 소속되고자 하는 공동체가 그들이 권리를 잃게 만든 바로 그 공동체인 경우에는 더욱 그렇다. 아렌트는 모든 "외국 혈통" 사람들을 정치적 권리가 없는 2등 시민으로 규정한 나치 독일의 뉘른베르크법에 의해 국적을 박탈당한 경험으로 이것을 뼛속 깊이 잘 알고 있었다. 프랑스의 수용소에서 탈출한 뒤, 아렌트는 '권리들을 가질 권리'를 주장하면서 독일에 다시 들어가는 것을 시도하기보다 가짜 비자를 구해 미국으로 도망치는 편을 택했다. 아렌트가 태어난 나라 독일, 아렌트가 '소속의 권리'를 주장해 봄 직했을 그 공동체는, 아렌트를 포함한 유대인들을 적극적으로 공동체 경계 밖에 두고자 한 바로 그 공동체이기도 했다.

아렌트의 분석에서 권리 없는 사람들이 처한 문제는 단지 소속된 공동체가 없다는 것만이 아니다. 더 큰 문제는 공동체에 소속될 그들의 권리가 바로 그 공동체에 의해 **강제로** 상실되었다는 점이다.[18] 그 공동체인 국가가 "축출을 결정하는 것은 국가 주권"임을 주장하며 국적 박탈 조치를 취함으로써 그들은 권리 없는 상태가 된 것이다. '권리들을 위한 권리'라는 표현을 제시하기 전부터도, 아렌트는 무국적자가 일단 공동체의 성원이 될 권리를 잃어버리고 나면 그것을 다시 획득하는 것이 얼마나 어려운지를 설명하기 위해 굉장히 노력했다. 또 『모던 리뷰』에 나온 글을 발전시켜 『전체주의의 기원』을 쓰면서는 국가들이 무국적자를 성원으로 받아들이기를 꺼리나 귀화 신청자가 너무 많아서 밀려드는 외국인에 대한 공포를 불러일으킨 나머지 시민권을 박탈하는 조치를 더 많이 촉발시키는 역효과를 낼 경우, 송환이나 귀화와 같은 해법들은 실패하게 된다는 점을 설명하는 긴 절을 추가했다. 국가 없는 사람이 취할 수 있는 가능성이라곤 "인정된 예외"가 되는 것뿐이다. 이것은 두 가지 방법으로 가능하다. 하나는 범죄를 저질러서 적어도 법으로 보호를 받는 것이다("어떤 사람이 작은 강도 짓을 저지를 경우에 적어도 일시적으로라도 법적 지위가 향상될 것 같다고 느낀다면, 그는 현재 인권을 박탈당한 상태에 있다고 확신해도 좋을 것이다").[19] 다른 하나는 익명의 무국적자가 어찌어찌해서 인정받는 천재가 되는 것이다. "일반적인 길 잃은 개보다 이름이 있는 개의 생존 기회가 더 많듯이, 유명한 난민이 좀 더 나은 기회를 가질 수 있는 법이다."[20] 하지만 두 방법 모두 그들의 고난에 대한 혁명적인 해법은커녕 만족스러운 해법도 아니며, 오히려 그들의 상황이 희망 없는 상황임을 더 두드러지게 보여 주는 극히 예외적인 틈새라고 보아야 한다.

틈새와 예외를 제외하면, 아렌트는 '권리들을 가질 권리'의 재귀적인 곤경을 해소할 통찰을 제시하지 않았을 뿐 아니라 『전체주의의 기원』 9장의 끝에서 두 번이나 이 표현을 사

용하면서도 이 권리에 그리 신뢰를 부여하지 않았다. 1949년
『모던 리뷰』에 이 구절을 처음 썼을 때와 비교해 보면, 2년 뒤
『전체주의의 기원』을 집필했을 때는 명시적으로 인권에 대해
회의적인 태도를 갖게 되었음을 알 수 있다. 『모던 리뷰』에서
는 '권리들을 가질 권리'가 다른 모든 권리를 갖기 위해 먼저
필요한 하나의 권리, "바로 그 하나의 인권"이라고 말했다.[21]
그리고 이 권리가 "현재의 경험과 환경에 비추어 재규정된다
면 다시 한 번 더 유의미해질 수 있을 것"이라고 언급했다.[22]
또 결론에서 아렌트는 이 "바로 그 하나의 인권"이 국가들의
예양 속에서 "상호적인 보장과 합의"를 통해 "존재할 수 있
을 것"이라고도 말했다. 이러한 초기 입장은 벤하비브가 말한
"민주적 반추"와 비슷한 면이 있다. 여기에는 코스모폴리탄적
기구들이 함께 협력해 정치 공동체에서 배제된 사람들이 거
기에 속할 권리를 되찾도록 도울 수 있으리라는 믿음이 분명
히 드러나 있다. 하지만 2년 뒤 『전체주의의 기원』에서는 이
러한 확신이 사라진다. 여기에서는 '권리들을 가질 권리'가 실
용적인 정치적 처방도 아니고 무권리성을 개선할 해방의 논
리를 제공하지도 않는다. 이제 그것은 "바로 그 하나의 인권"
이 아니라 우리가 언제나 그리고 이미 상실한 권리이고 인간
이라는 지위가 되찾아 줄 수 없는 권리다.[23]

II

　'권리들을 가질 권리'를 상실된 권리로 보는 쪽으로 입장
이 달라진 것 말고도『모던 리뷰』와『전체주의의 기원』사
이에 달라진 점이 또 하나 있다.『모던 리뷰』에서는 '권리들
을 가질 권리'가 에드먼드 버크에 대해 논의한 이후에 등장
한다. 아렌트는 자연권 개념을 분석하기 위해 보수주의 철학
자 버크의 논의를 고찰했다. 버크는『프랑스혁명에 관한 성찰
(*Reflections on the Revolution in France*)』(1790)에서 자연권이 '형이상학
적인 추상'에 불과하다고 비판한 바 있는데,[24]『모던 리뷰』에
서 아렌트는 버크가 권리들을 가질 권리를 알지 못했다는 사
실이 그 비판의 설득력을 떨어뜨린다고 주장했다. 아렌트는
"오늘날 사람들은 모든 권리가 특정한 공동체 안에서만 실현
될 수 있다는 것을 버크보다도 훨씬 더 잘 알고 있을 것"이라
며 버크의 주장을 인정했지만 다음과 같이 덧붙였다. "하지만
소위 '인권'을 논외로 하더라도(인권은 역사적 상황이나 그 밖의 상
황에 따라 달라진다), 우리는 '국가로부터' 생겨나지 않는 권리 하
나가 **존재한다**는 것 또한 알고 있다"고 언급했다.[25] 이와 달
리,『전체주의의 기원』9장에서는 '권리들을 가질 권리'를 먼
저 언급한 뒤 장의 말미에서 버크에 대한 비판을 전개했다.

곧 설명하겠지만, 이러한 배열 변화는 매우 중요하다.

『프랑스혁명에 관한 성찰』에서 버크는, 1789년에 선포된 '인간과 시민의 권리에 관한 선언(프랑스 인권선언)'이 찬양한 자연적인 인간이란 역사적으로 존재하지 않는다고 지적했다. 버크가 보기에 인권은 하나의 '추상'이고 혈통과 정치 공동체에 대한 충성에 기반해 전승되는 자격에 비하면 무의미하고 과장된 말에 불과했다. 실제 역사에 존재한 어느 것도 '자연적인' 인간이 시민 사회의 전통과 관습을 넘어서 존재하는 상태를 뜻하는 '자연 상태' 개념을 허용하지 않는다는 것이었다. 개인들이 자신에게 안전과 안정성을 제공해 줄 것이라 믿고 의지할 수 있는 유일한 법적 권리는 국민으로서의 권리(버크의 경우에는 "영국인의 권리")뿐이었다.[26]

놀랍게도 아렌트는 버크의 주장에 동의했다. 아렌트에게 프랑스 인권선언의 핵심 단어는 인간이라기보다 시민이었다. 원칙적으로 인권은 국적, 계급, 종교에 상관없이 유효해야 하지만 이런 인권이 선포된 것이 프랑스에 공화국이 생겨난 시점과 일치한다는 것은 시사하는 바가 있다. 1789년의 프랑스 인권선언은 "프랑스 국민의 대표자들은 엄숙한 선언으로 인간이 가진 자연적이고 양도 불가능하며 신성한 권리들을 드러내기로 결연히 다짐했다"라는 말로 시작한다. 아렌트는 여기에서 모든 인간의 자연적인 권리들을 "드러내고" 실현시키는 것이 "프랑스 국민"임에 주목했다. 아렌트는 자연적인 조건에서의 '인간'과 프랑스 국민으로서의 '시민'을 둘 다 기술한다는 점에서 이 선언이 이중의 선언이라고 보았다. 그런데 여기에서 인간과 시민은 동일한 위치가 아니다. 자연적인 인간을 선포하는 것은 그것보다 훨씬 더 중요한 공화국의 도래를 선포하기 위한 서막일 뿐이다. 아렌트는 이 선언문에서 "인간"이 등장했다가 금세 "국민의 한 성원으로 다시 사라지는" 것을 지적하면서, 여기에서 인간은 "자신의 존엄을 더 큰 질서에 기대지 않고도 내재적으로 담지할 수 있는 완전히 고립되고 완벽하게 해방된 존재로서 등장하고 있다고 볼 수 없다"고 주장했다.[27]

아렌트는 버크보다 역사적으로 더 후세대여서 프랑스혁명 이후의 상황을 알 수 있다는 장점을 보태, 버크의 견해에서 한발 더 나아갔다. 원칙적으로 인간의 권리는 다른 어떤 종류의 법으로도 환원되지 않아야 하고 국민국가의 권위에 의존하지 않아야 한다. 하지만 정치적 실천과 역사의 전개를 보면 세상은 개인이 가진 자연권과 독립 국가를 가질 '국민'의 권리(민족 해방의 권리)를 분리할 수단을 갖고 있지 못했다. 아렌트는 19세기 무렵에 인권이 정치사상에서 "일종의 의붓자식"이

됐다고 평가했다. 달리 아무것에도 기댈 것이 없을 때 국가의 권력에 맞서 "겨우 형식적으로" 개인을 방어하는 데만 쓰이고 있다고 말이다.[28]

인권이 국가와 분리되지 않았다는 점은 전간기에 충격적으로 명백하게 드러났다. 5000만 명이나 되는 사람들이 대대적인 국적 박탈 조치를 통해 무국적자, 난민, 소수자가 된 것이다. 대규모로 무국적자가 발생했다는 놀라운 사실은 인권이 원천적이거나 자연적인 권리가 아니라는 것을 보여 주었다. 인권은 "달리 기댈 것이 없는 사람들"의 권리이거나 "사회적 약자들"의 권리였다. 즉 특정한 공동체의 시민적, 사회적 권리들을 모두 상실한 사람들의 권리였다. 말하자면, 정작 인간이 인권을 가장 많이 가져야 마땅할 때, 즉 다른 모든 법적 자격을 상실하고 '자연적인 인간'의 지위로만 환원되었을 때, 인권을 지탱해 줄 권위가 전혀 존재하지 않는다는 사실이 여실히 드러난다.

아렌트는 버크의 인권 비판이 "현실적으로 타당하다"고 보았다. 이런 면에서 아렌트는 역사적으로 존재했거나 실천된 형태의 법만 인정하는 법실증주의자처럼 보이기도 한다.[29] 하지만 나는 아렌트가 권리들을 가질 권리에 대해 고찰했을 때 버크의 영향을 받은 만큼이나, 그리고 인권의 실질적인 한계에 대해 버크와 동일한 결론에 도달한 만큼이나(『전체주의의 기원』 9장에서 아렌트도 비슷한 결론을 내렸다), 버크와 반대되는 방향으로도 사고했으며 그와 상이한 결론으로도 도달했다는 점을 강조하고 싶다. 아이텐 군도두(Ayten Gündoğdu)가 짚어 냈듯이, 아렌트는 "정치적인 성원권을 이미 주어진 것으로 보는 버크의 주장을 인정하지" 않았다.[30] 버크는 역사에 실제로 존재한 권리가 늘 인권을 불필요하게 중복적인 것이 되게 한다고 보았다. 그에게 인권은 이미 조국에서 법과 전통에 의해 권리를 보호받는 주체에게는 불필요하기 때문에 아무 의미가 없었다. 시민 공동체의 법을 자연권보다 우위에 두면서, 버크는 "아무 곳도 아닌 곳" 같은 곳은 없으며 국가의 맥락 외부에 있는 자연적인 존재 자체라는 것은 존재하지 않는다고 생각했다. 하지만 아렌트는 국민국가가 시간을 초월해 존재한다고 보는 버크의 확신에서 방향을 돌려 대규모 무국적 상태라는 전적으로 새로운 현상의 맥락에서 인권의 무용함을 고찰했다.[31] 1차 대전 이후의 난민 위기는 인간이 '아무 곳도 아닌 곳'이라고 불릴 만한 곳에 **존재할 수 있다**는 것을 드러냈다. 그들은 정치 공동체에서 쫓겨날 수 있었고 '추상'으로 떨어질 수 있었다. 그래서 아렌트는 권리를 보호하는 데 법적, 정치적 제도가 필요하다는 버크의 주장에는 동의했지만, 대규모 이주와 무국적 상태라는 전간기의 실제 현상에 초점을 둠으로써 인간이 사회 질서를 통해 보호받을 수 없게 되는 상황이 **존재한다**는 것이야말로 역사가 입증한 사실임을 드러낼 수 있었다.

이것은 매우 핵심적인 차이다. 버크의 인권 비판이 그의 귀족적이고 반(反)평등주의적인 정치에 기반하고 있다면, 아렌트의 비판과 이 비판이 포함하는 역사에 대한 이해는 법의 경계 밖으로 내몰린 사람들을 위한 가능성들을 고찰하려는 노력이다. 버크에게 인권은 시민권에 덧붙은 불필요한 장신구에 불과했다. 하지만 아렌트는 여기에 여전히 유의미한 무언가가 있다고 보았다. 아렌트는 인권이 아무것도 아닌 무의미한 것이라고 보는 입장(버크는 인권이 "형이상학적인 추상"에 불과하다고 말했다)에서 벗어나 인권의 불충분성, 그리고 국민국가가 인권을 보충해야 할 필요성에 주목하는 쪽으로 인권의 문제를 재설정했다.

이렇게 인권을 중복적인(즉 시민권과 동일한 것이므로 굳이 또 있을 필요가 없는) 것이 아니라 보충적인 것으로 보는 관점에서, 아렌트는 국가의 법에 토대를 두지 않은 채로 존재하는 권리의 가능성에 대해 다시 한 번 문제 제기한다. 『전체주의의 기원』에는 '권리들을 가질 권리'라는 구절이 두 번 나오는데,[32] 이 구절이 두 번째 등장하는 다음 대목에서 아렌트는 이 권리를 인권과 혼동해선 안 된다고 분명하게 밝히고 있다.

[처음으로 '인간의 권리(인권)'가 선언되었을 때, 인권은 역사 및 역사가 승인했던 신분에 따른 특권과 상관없이 존재하는 것이라고 여겨졌다.… 역사적인 권리들은 자연적인 권리들로 대체되었고 '자연'이 역사를 대체했다. 여기에서 암묵적으로 '자연'은 '역사'보다 인간의 본질에 더 잘 부합한다고 가정되었다.… 하지만… 인간이 지구상의 모든 유기적인 생명을 인간이 만든 도구로 파괴하는 것이 개념적으로나 기술적으로 충분히 가능해지는 정도까지 자연을 정복할 수 있는 법을 알게 된 이래로, 인간은 자연으로부터 괴리되기 시작했다.… 20세기의 인간은 18세기 인간이 역사에서 해방된 것만큼이나 자연에서 해방되었다.… 다른 한편으로 18세기에는 칸트적 의미에서 규범적 이상에 불과했던 '인류'가 오늘날에는 피할 수 없는 사실이 되었다. '인류'가 과거에 '자연'이나 '역사'가 맡았던 역할을 맡게 된 이 새로운 상황이 의미하는 바는, 이런 맥락에서] 권리들을 가질 권리, 혹은 모든 인간이 인류에 속할 권리는 인류 자체에 의해 보장되어야 한다는 것이다. 그런데 이것이 가능할지는 결코 확실하지 않다. 매우 선의에서 새로운 인권 선언을 얻어 내려는 인도주의적 시도와는

반대로, 인류라는 개념이 여전히 주권 국가 사이의 상호 협정과 조약의 맥락에서 운영되고 있는 현행 국제법의 영역을 초월하기 때문이다. 그리고 국가들을 초월해서 존재하는 영역은 현재로서, 그리고 앞으로도 당분간 존재하지 않을 것이다.[33] ([ ] 안의 내용은 옮긴이가 추가함.)

버크처럼 아렌트도 제도의 가장 큰 중요성은 권리를 지켜주는 기능에 있다고 보았다. '인류'는 국민국가가 제공하는 보호에 의존하는 권리들의 토대로 기능할 수 없다. 하지만 국민국가의 태동기였던 프랑스혁명 시기에 글을 쓴 버크와 달리, 아렌트는 훗날 국민국가 시스템이 해체되는 것을 목격한 사람의 입장에서 논의를 개진할 수 있었다. 아렌트는 개별 국민국가들이 필연적으로 권리의 보호자가 되리라는 개념에 가슴 벅차게 만족스러워하지 않았다. 아렌트의 분석에서 무권리 상태는 국민국가 시스템이 붕괴되는 징후이고 국민국가가 제국주의로 퇴락하는 징후였다. 아렌트의 표현대로, 그것은 "치명적인" 징후였다.[34]

『전체주의의 기원』에서 아렌트가 버크를 해석한 방식은 매우 의미심장하다. 바로 여기에서, 아렌트가 국민국가의 틀을 초월해 인류 자체만에 의해서는 보호될 수도 없고 실증적인 의미에서도 선험적인 의미에서도 실체화될 수 없다고 본 권리를, 그럼에도 불구하고 보존하고 싶어 했음이 드러나기 때문이다. 아렌트는 인권에 대해 또 다른 대안적인 권위를 제시하려 하지는 않았다. 하지만 그렇다고 냉소적으로 빠지려 하지도 않았다. '권리들을 가질 권리'는 버크의 보수주의에 대한 아렌트의 첫 방어선이자 마지막 방어선이었다. 즉 아렌트에게 이것은 인권을 희망 없는 이상주의로 보는 버크식의 냉소로 빠져 버리지 않게 해 주는 유일한 것이었다.[35] 『전체주의의 기원』 9장에서 아렌트는 먼저 '권리들을 가질 권리'를 이야기한 다음에 버크에 대한 논의를 그 장의 마지막에 놓기로 했다. 『모던 리뷰』에서는 '권리들을 가질 권리'가 비장의 카드였지만 『전체주의의 기원』에서는 상실된 대의였다. 그럼에도, 이것은 여전히 아렌트가 버크의 최종 결론에 저항할 수 있는 유일한 지점이었다. 그 결론을 논박할 수는 없었더라도 말이다.

나는 아렌트의 서술에서 '시간성'(권리들을 가질 권리는 그것이 상실된 후에야 '비로소' 드러난다)에, 그리고 버크에 대한 논의가 두 개의 저술 사이에서 재배열된 것에 주목해야 한다고 주장했다. 단지 인간이라는 이유만으로 모든 사람이 '갖고 있다'고 상정된 권리들이 실제로는 대대적으로 상실되는 데 인간 공동체가 어떤 역할을 했는지를 설명한 아렌트의 접근 방식에 주목할 필요가 있다고 생각하기 때문이다. '인간의 권리들'에 대한 분석에서 아렌트는 "토대 없는 권리"의 수행성이나 (국가에 의존하지 않는—옮긴이) 무정부주의적 동인에 관심이 있었다기보다[아렌트의 다른 저술, 이를테면 『혁명론(*On Revolution*)』에서는 이것이 주요하게 다뤄져 있다], 문명화된 사회가 그런 권리들을 저버린 역사를 고찰하는 데 더 관심이 있었다. 따라서 우리가 아렌트의 구절에서 단수형으로 제시된 권리에 강조점을 덜 둔다면 아렌트의 사상에 스며들어 있는 역사적 분석을 더 잘 이해할 수 있을 것이다. 권리들을 가질 권리를 "이미 상실된 권리"로 제시함으로써, 아렌트는 이 상실을 일으킨 요인들에 관심을 불러일으킨다. 아렌트는 난민 문제에 대한 해법을 이론적으로 제시하는 것보다 난민 위기가 아무도 듣는 이 없는 상태로 급증하는 상황을 묘사하는 데 더 많은 부분을 할애했다. '권리들을 가질 권리'는 이 위기가 상당한 정도로 영토적 유대의 상실에서 비롯한 결과라는 것을, 또 영토적 유대의 상실이 직접적으로 국민국가 시스템의 붕괴와 관련된다는 것을 파악하기 위한 아렌트의 방식이었다.

『전체주의의 기원』에서 '권리들을 가질 권리'는 버크가 제시한 이론적 난제에 대한 해법이 아니었다. 그것은 권리 없는 상태를 진단하는 수단이었고 20세기에 떠오른 전적으로 새로운 권력 상황을 진단하는 도구였다. 둘 다 국내적으로나 국제적으로나 해법을 찾을 수 없는 문제들이었다. 아렌트는 인권이 추구할 만한 가치가 있는 것이라고는 인정했지만, 실질적인 면에서 볼 때 국가를 넘어서는 권리라는 개념은 현재로서 존재하지 않는다고 결론 내렸다. 아렌트는 국제연맹 같은 국제기구와 국제법이 '권리들을 가질 권리'를 위한 적절한 기반을 제공할 수 있으리라는 데 회의적이었다. 아렌트가 지적했듯이 이주, 국적, 귀화는 국민국가가 주권의 영역이라고 주장하는 문제들이다.[36] 아렌트는 국가의 동질성을 일구려는 프로젝트에 맹렬히 집착하는 국민국가가 새로이 떠오른 국제적 문제들에 대해 새로운 규칙을 고안할 역량이 없으며, 자국 외의 세계에 대해 강제력 있는 규칙을 적용할 방법도 갖고 있지 않다고 보았다. 일례로, 아렌트는 국제 조약이 발달하면서 아이러니하게도 난민에게 비호를 제공하기가 더 어려워졌음을 지적했다.[37] 타국의 주권을 더 많이 존중해야 할 의무가 생겼기 때문이다. 국가 간 '연대'보다 '주권'을 존중하는 상호적 조약에 의해 권리들이 보장되거나 폐기된다는 점에 주목하면서, 아렌트는 권리를 보호하는 제도로서 국민국가 시스템이 믿을 만하다기보다는 오히려 취약하다는 점을 강조했다.

일단 법적 평등의 원칙이 깨어지고 난 다음에 국민국가가 그것을 복원하는 것이 가능한가에 대해서는 아렌트의 입장이 심지어 더 회의적이다. 몇몇 학자들은 다음의 구절을 들어 아렌트가 인권 문제를 국제적인 해법으로 푸는 데 대해 희망을 가지고 있었다고 주장하기도 한다. "우리의 정치적 삶은 우리가 조직을 통해 평등을 산출할 수 있다는 가정에 기반한다. 인간은 동등한 사람들과 함께, 그리고 오직 동등한 사람들과 함께만 공동의 세계를 짓고 변화시키고 그 안에서 행동할 수 있기 때문이다." 하지만 아렌트는 공동의 세계를 함께 짓는다는 것과 관련된 이 가정을 적극적으로 뒤흔들기도 했다. 이는 바로 뒤에 이어지는 덜 낙관적인 언급에서 명백하게 드러난다. "단순히 주어진 것들의 어두운 배경, 고유하고 달라질 수 없는 본성으로 형성된 이 배경은, 그것의 너무나도 명백한 온갖 차이를 통해 우리에게 인간 행동의 한계를 상기시키며 정치 무대로 침입해 들어온다."[38] 아렌트에게 인류 및 인류가 만든 것(즉 공동의 세계를 함께 짓는 위대한 역량)은 권리 박탈의 원천이기도 했다. 아렌트는 이 문제에 대해 마지막으로 언급하면서, 인류 및 인류가 만든 제도가 사람들에게 정치 공동체에 속할 권리를 보장하는 것이 과연 가능할 것인가에 대해 "결코 확실하지 않다"고 결론 내렸다.

III

우리 시대의 핵심적인 사건들은, 무모한 낙관주의에 빠진 사람들에게서나 불가피하게 멸망이 도래하리라고 믿는 사람들에게서나 똑같이 효과적으로 망각된다.

－『전체주의의 기원』 초판 「머리말」.

'권리들을 가질 권리'를 이해하는 가장 좋은 방법은 사뮈엘 베케트(Samuel Beckett)의 희곡 『고도를 기다리며(*En attendant Godot*)』(『전체주의의 기원』과 같은 해에 쓰였는데 우연만은 아닐 것이다)의 등장인물 블라디미르처럼 생각해 보는 것이다. 즉 권리들을 가질 권리를 '적극적으로 상실될 권리'로 여기는 것이다.

에스트라공: 그럼 우리에겐 더 이상 아무 권리도 없는 것인가?
．．．．．．．．．
블라디미르: 허락만 됐더라면 방금 네 이야기에 껄껄 웃었을 텐데.
에스트라공: 우리는 권리를 잃은 것이냐?
블라디미르: (명료하게) 우리가 없애 버렸지.
침묵. 둘 다 움직이지 않고 있다. 두 팔은 흔들거리고 고개는 두

무릎 위로 축 처져 있다.

에스트라공: (무기력하게) 우리 묶여 있는 건 아니지? (사이) 아닐
거야.[39]

블라디미르가 암시하는 바는 '권리들을 가질 권리'가 상실을,
혹은 아렌트가 여러 차례 쓴 표현을 빌리면 "붕괴(disintegration)"
를 나타낸다는 것이다. 전후 유럽에서 수백만 명에게 '권리들
을 가질 권리'는 시민적, 정치적 권리들이 부재하는 상황을 바
로잡기 위해 들고나올 수 있는 권리라기보다 폐지되어 무효
가 된 권리였다. (아렌트가 말한 국민국가 시스템의 "붕괴"가 무엇을 의미
하는지 알려면, 나치 독일이 유대인이 '쓰레기'의 지위를 가진다는 것을 이웃
국가들에 확신시키기 위한 프로파간다의 일환으로 유대인들을 목적의식적으
로 축출했음을 상기하면 충분할 것이다.)

어느 면에서, 권리들을 가질 권리를 '상실된 권리'로 보는
것은 문제에 대한 해법이라기보다 사고 실험적인 측면이 더
강하다. 권리들을 가질 권리라는 개념을 통해 '정치'가 발생하
기 위해 논리적으로 필요한 것이 무엇인지 숙고해 볼 수 있는
것이다. 토머스 홉스(Thomas Hobbes)와 존 로크(John Locke)의 '자
연 상태' 개념이 문명사회가 조직되기 전에 사람들이 살았을
가설적인 여건을 나타내듯이, '권리들을 가질 권리'도 시민권

같은 것이 가능해질 수 있기 위해 충족되어야 할 조건을 나타낸다고 볼 수 있다. 하지만 근대 정치 구조의 허구적 기원을 말하는 자연 상태와 달리, 권리들을 가질 권리는 정치적인 계약이나 규약을 지칭하지 않는다. 이런 권리가 애초에 어떻게해서 생겨나게 되었는지는 불분명하다. 자연 상태에 대한 고전 정치 이론들은 개인들이 조직되지 않은 상태로 살다가 정치체의 시민이나 신민으로 재구성되는 어느 시점을 묘사한다. 하지만 아렌트는 이와 반대 방향의 과정을 묘사한다. 국가적 동질성을 구축하려는 국민국가의 충동이 수백만 명을 "독특한 자연 상태"로 내모는 것이다. 이것이 "독특한" 상태인 이유는, 아렌트에 따르면, "새로운 전 지구적 정치 상황" 때문이다. 권리 상실의 비운은 하나의 국가가 야만적이어서 생기는 것이 아니라 인류가 인위적으로 더욱 전 지구적으로 조직되면서 생기는 것이다. 『전체주의의 기원』 9장의 마지막에서 아렌트는 문명화된 인류가 애초에 무권리 상태를 만들어 낸 주체이므로 인류가 인권의 보증자가 될 수 있다는 개념은 확신할 수 없다고 꽤 분명하게 언급했다. "전 지구적이고 보편적으로 상호 연결된 문명은 그 자신의 한복판으로부터 수백만 명을, 겉으로야 어떤 모습이건 간에 야만의 여건으로 몰아넣는 야만성을 산출할 위험이 있다."[40]

아렌트의 결론에 무권리 상태가 완화되거나 고쳐질 가능성이 있다는 암시는 없다. 아렌트는 유럽에서 국가 없는 사람들이 계속 증가하고 있다고 언급했고, 전후의 무국적자 급증 못지않게 난민 위기가 심각한 오늘날에도 이는 마찬가지다. 또한 아렌트는 국적 박탈이 "새로운" 현상이라는 점과 그것이 영속적이며 고칠 수 없는 것임을 강조했다. 조직된 공동체에서 쫓겨나고 난 다음에는 무국적 상태에서 "다시 정상으로 돌아가는 것"이 불가능하다.[41] '권리들을 가질 권리'와 관련해 유일하게 생산적이고 생성적인 주체는 국가적인 프로젝트를 위해 바람직하지 않은 구성원들을 의도적이고 적극적으로 추방하는 국가뿐인 것으로 보인다.

많은 이들의 해석과 달리, 아렌트에게 '권리들을 가질 권리'는 도덕적 처방도 아니고 해방을 가져올 촉매도 아니다. 아렌트의 비판적인 작업은 앞으로 이 권리가 어떻게 하면 주장되고 실현될 수 있을 것인가에 대해 이상주의적 사고를 북돋우기보다 전후에 이 권리가 인류 자신에 의해 어떻게 상실되었는지를 보여 주는 폭력적인 역사에 관심을 촉구한다. 여기에서 내가 제시한 독해에는 냉소적인 면이 있다. 이런 면은 자크 랑시에르(Jacques Rancière)의 아렌트 해석과 그리 다르지 않다.[42] 랑시에르는 무권리자에 대한 아렌트의 주장을 조르조 아감벤(Giorgio Agamben)의 "벌거벗은 생명" 개념과 관련지어 설명했다. 둘 다 정치적 저항의 수준을 넘어선 곳에 존재하는 생명을 이야기하고 있다는 의미에서였다. 랑시에르는 아렌트가 해법이 없는 이상 상태를 이야기하고 있다고 보았고, 많은 면에서 타당한 해석이다. (두 번이나 아렌트는 무권리 상태가 "영속적인 제도"라고 말했다.) 하지만 정치 무대로 뚫고 들어와 "인간 행동의 한계"를 상기시켜 주는, 알 수 없는 "외부의 것"에 대한 아렌트의 논의는 가능성을 열어 주는 것이기도 하다. 개인뿐 아니라 국가도 이 독특한 자연 상태로 내던져져서, 이 공통의 혼돈이 우리 스스로를 새롭게 재조직할 기회를 제공할 수 있으리라는 가능성 말이다. 적어도 아렌트는 모든 조직된 공동체와 그것에 속할 우리의 요구에 토대가 될 수 있는 것은 권리가 아니라 계산 불가능한 우연이라는 점을 상기시켜 준다. '권리들을 위한 권리'에 대한 요구는 종종 들리지 않거나 대답되지 않는다. 하지만 그러한 요구와 발화가 효과를 낼 **수도 있다**. 과거에도 여러 차례 그랬듯이 말이다. 아렌트의 이야기는 해법을 담고 있지도 않지만 멸망을 예언하는 결정론을 담고 있지도 않다. 아렌트가 『전체주의의 기원』 2부의 「머리말」에서 말했듯이, "우리가 과거에서 얼마나 많이 배울 수 있든 간에 그것이 미래를 알게 해 주지는 않는다."[43]

아마도 이러한 계산 불가능성이야말로 아렌트의 분석에서 희망의 불빛을 드러내 주는 부분일 것이다. 이 희망이 더 구체적으로 표현된 것은 미국에 대한 아렌트의 믿음에서다. 아렌트는 미국이 "언제나 새로 온 사람들을 잠재적으로 미래의 시민이라고 여기는 곳"이라고 언급했다.[44] 하지만 오늘날 미국이 새로 온 사람들을 어떻게 대하는지(대통령이 일부 국가 사람들에 대해 입국 금지령을 내리고, 외국인 노동자들에 대한 H1B 취업비자 프로그램의 중단을 요구하고, 미국과 멕시코 사이에 '장벽'을 세우겠다고 공약을 하는 것 등) 알고 있는 우리로서는, 아렌트보다 절망할 이유가 더 크다는 생각도 든다.

　　어쨌든 적어도 오늘날 또한 아렌트가 인본주의의 판타지가 갖는 이상한 점들을 파악할 필요가 있다고 느끼게 만든 것과 비슷한 절박성이 있는 시대라는 점만큼은 분명히 말할 수 있을 것이다. 아렌트가 전체주의와 권리 박탈을 더 크고 상호 연결된 관점으로 파악해야 한다고 깨닫게 되었듯이, 우리도 복잡하고 완전히 이해하기란 불가능한 현상들을 '민주적 변화'(아랍의 봄 같은)라든가 '민주적 변화의 붕괴'(2016년 미국 대선 같은)라든가 하는 식의 하나의 단순한 내러티브로 뭉뚱그리는 사치를 더 이상 감당할 수 없다. 무권리자의 급증이라는 치명적인 현상이 유럽만이 아니라 아렌트가 마지막(아마도 유일한)

희망이라고 생각한 미국에서도 급속히 퍼지고 있는 오늘날, 구체적인 역사성에 토대를 두는 아렌트의 분석을 현재로 확장해 볼 필요가 있지 않을까.

2장

◉

권리들을 '가질' 권리

라이다 맥스웰(Lida Maxwell)

2017년 1월 20일 취임한 도널드 트럼프(Donald Trump) 미국 대
통령은 거의 곧바로 주로 이슬람권인 일곱 개국 시민의 입국
을 금지하는 행정 명령을 발동했다. 전국에서, 특히 각지의 공
항에서 '여행 금지령'에 저항하는 항의 시위가 벌어졌다. 미국
이민세관단속국(US Immigration and Customs Enforcement, ICE)과 교
통안전청(Transportation Security Administration) 직원들이 합법적인
비자와 영주권을 가지고 미국으로 들어오는 사람들을 구금하
거나 입국을 막고 있는 동안, 공항 터미널에 모여든 시위대는

"들여보내라! 들여보내라!"를 외쳤다. 트럼프의 여행 금지령은 개별적인 권리들을 침해한 것(가령 언론의 자유 침해, 적법 절차 없는 체포와 기소 등)에만 그친 것이 아니었다. 여행 금지령은 특정한 개인들을 아예 법의 틀 밖으로 몰아냈다. 갑자기 해당 7개국 사람들은 합법적인 영주권, 취업비자, 여행비자를 가지고 있는 것과 상관없이 법적 지위가 불확실해졌다.

여행 금지령에 반대하는 공항 시위를 벌이면서 많은 사람들이 아렌트가 말한 '권리들을 가질 권리'를 인식하게 되었고 그것을 위해 싸우게 되었다고 말할 수 있을 것이다. 아렌트의 말을 빌리면, 그 권리는 "사람이 자신의 행위와 견해에 따라 평가받을 수 있는 틀 안에서" 존재할 권리다.[1] 1940년대 무국적자 위기의 맥락에서 아렌트는 이렇게 말했다.

> 범죄를 저지른 경우를 제외한다면, 어떤 사람을 다른 사람들이 어떻게 취급하는지가 그의 행위에 좌우되지 않을 때⋯ 시민의 권리인 자유와 정의보다 훨씬 더 근본적인 것이 위험에 처하게 된다.[2]

이런 상황에서는 "그가 무엇을 했는지나 무엇을 하려 하는지에 상관없이⋯ 우연에 따라 축복과 저주가 분배된다."[3] 사람들이 미국 영토 안에서 살아가고 일하고 이동할 수 있는 역량이 더 이상 법으로 부여된 지위와 자격에 의존하지 않고 인종 차별적인 대통령의 변덕과 공항 이민국 직원의 재량에 달려 있게 된 상황에 직면해서, 시위대는 법적 절차인 소송, 공식적인 조치 등과 같이 모든 사람이 '자선'이 아닌 '권리'의 틀 안에 존재할 수 있게 해 주는 정치적 조치들을 요구했다.

여행 금지령 이야기로 이 장을 시작한 이유는, 이것이 아렌트가 『전체주의의 기원』에서 '권리들을 가질 권리'의 존재를 알게 되는 것은 많은 사람들이 그것을 상실했을 때라고 말한 것의 의미를 보여 주는 최근 사례이기 때문이다. 그 책에서 아렌트는 다음과 같이 언급했다.

새로운 전 지구적 정치 상황으로 말미암아 갑자기 권리들을 가질 권리(이것은 사람이 자신의 행위와 견해에 따라 평가받을 수 있는 틀 안에서 살아간다는 의미다), 그리고 모종의 조직된 공동체에 속할 권리를 잃고 그것을 되찾을 수 없게 된 사람들이 수백만 명이나 생겨나면서, 비로소 우리는 이런 권리가 존재한다는 사실을 깨닫게 되었다.[4]

다른 말로, 우리는 도덕적 규범에 대한 이성적, 철학적인 숙고를 통해서가 아니라, 공항의 시위대가 그랬듯이, 우리가 가지고 있었는지도 미처 몰랐던 권리들을 박탈하는 새로운 형태의 억압을 목격하고 겪는 구체적이고 정치적인 경험을 통해서 권리들을 가질 권리의 존재를 알게 된다.

그런데 우리가 권리의 상실을 목격함으로써만 권리들을 가질 권리의 존재를 알게 된다면, 권리들을 '가진다'는 것의 의미는 무엇일까? "이렇게 되기 전에, 소위 '인권'은 어떤 독재자도 빼앗을 수 없는 인간 조건의 일반적인 특징으로 간주되고 있었을 것"이라는 아렌트의 말이 옳다면,[5] 권리를 천부적인 소유물, 즉 우리가 인간이라는 이유만으로 태어나면서부터 갖게 되는 소유물로 보는 것이 옳거나 유용한가? 그러한 천부성 개념이 오늘날 권리를 생각하는 일반적인 방식이다. 예를 들면 현대 미국의 근간인 미국 독립선언문은 "모든 인간은 평등하게 창조되었고 조물주로부터 양도할 수 없는 권리들을 부여받았다"며 "이런 권리 중에는 생명, 자유, 행복의 추구가 있다"고 천명했다. 하지만 아렌트는 미국독립혁명을 다룬 글에서 미국 독립선언이 그런 권리를 그들이 가진다는 점만 말한 것이 아니라 그것의 천부성이 진리임을 그들이 "자명한 것"으로 "여긴다"고 말하고 있다는 점도 지적했다.[6] 다른 말로, 독립선언은 천부적인 것이라고 상정된 권리들에 대해 민주적이고 정치적인 기반을 제공했다. 그 권리들이 '국민'인 우리 사이에서 자명성을 획득할 수 있는 것은 우리가 그것들을 자명하다고 **여기기** 때문이다. 그런데, 이것이 우리가 단지 한 국가의 성원이라는 이유만으로, 즉 제도와 법으로 우리의 권리들을 지켜 줄 국가의 성원이라는 이유만으로 그 권리들을 실제로 '갖는다'는 의미가 되는가?

20세기 초 유럽에서 벌어진 무국적자 위기의 맥락에서 아렌트가 개진한 '권리들을 가질 권리' 개념은, 권리를 '가진다'고 말하는 것이 일반적으로 의미하는 두 가지 측면 모두에서 우리가 권리들을 '가지고' 즉 '소유하고' 있다는 주장에 의구심을 제기한다. 권리를 '가진다'는 것의 일반적인 의미는 첫째, 천부적으로 인간에게 부여되어 있다는 의미에서의 소유 개념과 둘째, 국가나 민족의 일원이라는 자격에 의해 인간에게 부여되어 있다는 의미에서의 소유 개념이다.

하지만 아렌트는 권리를 '가진다'는 것에 대해 이 두 가지의 소유 개념이 아닌 대안적인 해석을 제공한다. '소유물을 가진다'는 의미가 아니라 '모임, 회의, 식사 자리, 컨퍼런스, 컨벤션 등을 가진다'는 의미로 보는 것이다. 여기에서 '가진다'는 것은 (저항 활동, 입법화, 집합 행동, 제도 구축 등을 통해) 모든 사람이 합법적으로 권리를 주장하는 것이 가능한 공동의 세계를 준비하고 창출하며 유지하는 활동에 참여한다는 의미다. '가진다'는 것을 이렇게 이해하면, 공항의 시위대는 해당 개인들이 이미 가지고 있는 권리를 단지 정부로 하여금 존중하게 하려는 '복원' 프로젝트에 나선 것이 아니라 모든 사람이 합법적으로 권리 주장을 할 수 있는 세계를 창조하기 위한, 계속해서 진행되고 있는 프로젝트의 일부인 것이라고 볼 수 있다.

이렇게 권리를 정치적인 의미로 보면 천부권으로 볼 때만큼 도덕적인 안심이나 위안을 얻게 되지는 않는다. 여기에서 권리는 침해할 수 없는 소유물이 아니라 늘 불완전하게만 실현되는 취약한 정치적 성취이기 때문이다. 하지만, 아렌트의 논의가 함의하듯이, 천부권 개념이 주는 도덕적 안심은 우리가 현실에 눈감도록 만든다. 이와 달리, 권리를 더 정치적인 개념으로 보면, 인간이라면 당연히 가져야 한다고들 말하는 권리들을 실제로는 상실한 사람들이 어떤 현실에 처하게 되는지를 더 잘 파악하고 정치적으로 더 잘 다뤄 나갈 수 있을 것이다. 아렌트의 '권리들을 가질 권리'라는 공식이 암시하는 열린 특성과 미래성에 주목하면서, 나는 아렌트가 '권리를 요구하는 행위'의 의미를 새롭게 사고하도록 촉구하고 있음을 보이고자 한다. 사람들이 이미 가지고 있는 권리를 현재의 제도가 단지 인정하고 존중하기를 요구하는 것으로 보기보다 모든 이에게 권리 주장이 가능해지는 세계를 만들기 위한 정치 프로젝트의 일부로 보아야 한다는 것이다.

권리에 대한 자연적 개념과 국가적 개념

1장에서 스테파니 데구이어가 보여 주었듯이, 1차 대전, 스페인 내전, 2차 대전 이후 유럽에서 발생한 무국적자의 급증은 완전히 새로운 종류의 권리 상실이 벌어지고 있음을 드러냈다. 이들은 그저 이러저러한 권리들(법 앞에서의 평등, 자유 등)을 잃은 것에만 그치지 않고 훨씬 더 근본적으로 권리 담지자라는 지위, 즉 합법적으로 권리들을 주장할 수 있는 존재라는 지위 자체를 잃었다.[7] 흔히 인권은 인간이라는 이유만으로 자연히 소유하게 되는 것으로 여겨지지만, 아렌트의 분석이 보여 주었듯이, 국가 없는 사람들이 처한 상황은 그러한 상식이 환상이고 착각임을 여실히 드러냈다. "인간이라는 사실을 제외한 모든 다른 특질과 구체적인 관계를 상실한 사람들을 처음으로 직면했을 때… 세상은 관념상의 벌거벗은 인간 존재에게서 어떤 신성함도 발견하지 못했다."[8] 권리 담지자라는 지위는 천부적인 것이라고들 하지만, 알고 보니 그것

은 특정한 시기에 집합적으로 형성된 국민국가 안에서 갖게
되는 시민권에 달려 있었다.

이 새로운 형태의 억압에 대해 취할 수 있는 대응 중 하나
는 자연권 개념을 더 강하게 주장하는 것이다. 즉 국가 없는
사람들의 권리 요구를 정당화하고 합법화하는 방법으로서,
권리가 천부적인 것이라는 개념에 호소하는 것이다. 예를 들
면 (앞 장에서 데구이어도 언급했듯이) 세일라 벤하비브는 '권리들
을 가질 권리'에 단수형으로 등장하는 '권리'가 모든 이를 '권
리들'을 가질 자격이 있는 공동체의 일원으로 인정하고 인식
해야 한다는 도덕적 정언 명령을 담고 있다고 보았다.[9] 하지
만 전후 대규모 무국적자의 발생에 대한 아렌트의 분석은 권
리를 계속해서 '자연적 소유물'이라는 틀로 이야기하는 것이
문제를 해결할 수 있는 우리의 역량을 키워 주기보다 오히려
저해할 수 있음을 보여 준다. 특히 아렌트는 역사적으로 권리
들을 보장해 주었던 것이 **국민**이었고 더 정확하게는 **국민국
가**였음을 지적하면서, 권리란 자연적으로 존재하는 것이 아
니라 사람들이 정치적으로 만드는 것이라고 주장했다. 아이
텐 군도두의 말을 빌리면, 권리는 대중적인 지지, 행동, 요구,
주장 등에 달려 있는 "정치적 실천"이다.[10] 권리를 자연이 부
여한 소유물로 인식하는 것은, 권리 없는 사람들의 여건을 가

장 잘 해결할 수 있는 정치 행동과 제도 구축은 어떤 것일지에 대해 고민하고 알아내도록 독려하는 것이 아니라 밋밋한 도덕적 정언 명령(무언가가 혹은 누군가가 권리들을 보장해 주어야 **마땅하다**고 말하는 정언 명령)을 읊는 것일 뿐이다.

그뿐 아니라 자연권 개념은 인간에 대한 상을 왜곡한다. 개개인의 인간이 자연적으로 자유롭고 평등하다는 이미지를 만드는 것이다. 자연권 이론가들은 평등도 천부적으로 '주어진 것'의 일부라고 여긴다. 즉 그들은 평등이 우리가 정치적 조직에서 떨어져나와 완전히 혼자 있을 때도 여전히 우리에게 존재하는 본질적인 부분이라고 본다. 그들은 우리가 정치체 안에 존재할 때보다 전(前) 정치적인 자연 상태에서 오히려 **더** 평등하고 자유로웠다고 말한다. 가령 로크는 자연 상태를 "완벽한 자유"와 "평등"의 상태라고 묘사했다.[11] 아렌트가 지적했듯이, 그 때문에 자연권 이론가들은 "[권리들에 의해] 부여되는 인간의 존엄성은 지구상에 인간이 단 한 명만 남는다 해도," 그리고 "인간이 인간 공동체에서 쫓겨났을 때도" 여전히 유효하고 실재해야 한다고 본다.[12] 자연적으로 온전하고 자유로우며 평등한 개인이라는 이미지는, 더 이상 정치체에 속하지 못하게 된 사람들이 이 독특한 종류의 박탈을 왜 그리고 어떻게 당하게 되었는지, 즉 모종의 정치 공동체 안에 존재해야만 소유할 수 있는 평등을 그들이 왜 그리고 어떻게 박탈당했는지를 우리가 파악하기 어렵게 만든다. 이에 더해, 인간 개개인이 자연적으로 권리를 소유하고 있다는 자아 이미지를 갖게 되면, 우연과 위험의 가능성에 자아를 열어 놓기보다 타인이 침범하지 못하게 배타적으로 **보호하려는** 방식으로만 자신의 권리를 지키려 하게 된다. 정작 우리에게 권리 담지자로서의 지위를 창출해 줄 제도 구축과 정치 행동의 노력에는 우연성과 위험성이 반드시 수반되는데도 말이다.

데구이어가 언급했듯이, 자연권 개념에 대한 아렌트의 비판은 18세기 아일랜드 출신 철학자 에드먼드 버크가 개진한 보수주의 사상과 일맥상통한다. 예를 들면, 아렌트는 무국적자가 처한 권리 없는 상태는 "인권은 '추상'에 불과하다는 버크의 주장을 뒷받침하는 것처럼 보인다"고 말했고, 권리를 "국가 안에서" 생겨나고 전승되는 것으로 이해하는 편이 양도 불가능한 것으로 이해하는 것보다 낫다고도 말했다.[13] 아렌트는 버크의 개념이 국가 없는 사람들이 처한 상황이 무엇인지를 밝혀 준다는 면에서 볼 때 "현실적으로 타당하다"고 인정했다. 하지만 국민국가가 권리를 국적과 연동시킨다는 것은, 인종적, 민족적 소수자들(유대인, 미국의 흑인, 이스라엘의 팔레스타인인, 유럽의 무슬림 등)은 늘 의심스러운 사람이 되고, 시민권의 지위가 (그리고 권리 담지자라는 지위도) 늘 불안정하게 되리라는 의미이기도 하다고 지적했다. 따라서 버크가 제시한 '국민의 권리' 개념은 국가가 구성원들의 권리를 지탱해 주면서도 그와 동시에 권리 없는 사람들이라는 새로운 집단을 만들어 내는 것을 설명하지 못한다. 다른 말로, 버크의 권리 개념은 "전 지구적이고 보편적으로 상호 연결된 문명"이 "그 자신의 한복판으로부터 수백만 명을, 겉으로야 어떤 모습이건 간에 야만의 여건으로 몰아넣는 야만성을 산출할 위험이 있다"는 점을 우리가 보지 못하게 만든다.[14]

권리를 '갖다'

권리를 자연적인 소유물로 보는 개념과 국가에 의해 전승되는 것으로 보는 개념 둘 다에 대한 아렌트의 비판은 권리를 '갖는다'는 것의 의미를 더 긍정적이고 적극적으로 개념화할 수 있는 방향을 제시해 준다. 우리가 자신과 타인을 특정한 조직의 형태라는 맥락에서만 권리 담지자로 이해할 수 있다면, '권리를 갖는다'는 것은 평등의 공간을 집합적으로 만들어 내고 조직하고 유지하는 것을 돕는 활동을 통해 모든 이에게 권리 주장이 가능할 수 있는 정치 세계를 창출하고 지탱해 나간다는 의미로 볼 수 있다. 회합이나 파티를 '갖는' 것과 같은 방식으로 권리들을 '갖는다'고 볼 수 있는 것이다. 예를 들면 저항 행동, 입법화 과정, 제도 구축 등에 참여함으로써, 또 모든 이가 권리 주장을 할 수 있고 그 주장이 들릴 수 있는 세상을 짓는 데 기여할 모임과 연합들을 만듦으로써, 우리는 권리들을 '갖는' 프로젝트의 일부가 된다. 권리를 '갖는' 것을 이렇게 평등을 향한 정치 행동을 지속적으로 펴 나간다는 의미로 이해할 때, 그러한 권리와 권리 정치는 다음의 세 가지 특징을 갖는다. 첫째, 권리는 개인적인 소유물이 아니라 **집합적인** 성취다. 둘째, 권리는 자연적으로 완벽한 무언가가 아니라 **양가적**인 면을 갖는 성취다. 셋째, 권리는 **취약**하고 **제한적**인 성취다. 아래에서 설명하겠지만, 권리를 제한적이고 양가적인 성취로 보는 아렌트의 개념은 권리가 제국주의적인 동질화 정치를 드러낸다고 보는 오늘날의 권리 정치 비판과 상통하는 면이 있다. 그러나 권리를 소유물로 보는 데 대한 아렌트의 비판은 오늘날의 권리 정치를 더 큰 정치적 프로젝트, 즉 모든 이가 두려움 없이 동등하게 권리 주장의 주체가 될 수 있는 정치 세계를 짓는 프로젝트의 양가적인 한 부분으로서 재구성하는 데도 도움을 줄 수 있다.

정치체를 잃으면 권리를 주장할 수 있는 능력도 잃게 된다는 아렌트의 주장은 권리를 개인적인 소유물이나 국가적인 정체성의 일부가 아니라 '집합적인 성취'로 여기도록 해 준다. 이런 관점에서 보면, 권리 없는 사람들(난민, 무국적자, 미등록 이주 노동자 등)이 법적 지위와 기본적인 권리를 획득할 수 있게 하려는 투쟁에는 도덕적인 주장만이 아니라 정치 행동 및 제도 구축의 노력이 훨씬 더 필요하다. 권리를 자연적으로 주어진 소유물로 보는 도덕적인 해석은, 정치 행동과 분명하거나 필연적인 연결을 갖지 않는다는 점도 문제지만, "사람들이 이미 소유하고 있는 권리들을 존중하라"는 도덕적 요구가 현실에서 권리 없는 사람들의 상황을 다루는 데 유의미한 역할을 하지 못하는 경우가 많다는 점에서도 문제. 예를 들어, 최근 트럼프 행정부가 미등록 이주자의 체포와 구금을 강화하는 것에 대해 "미등록 이주자들이 소유하고 있는 권리를 존중하라"고 도덕적으로 요구하는 것은 정부더러 이들이 정당한 사유 없이 구금되지 않게 하고, 변호사를 선임할 수 있게 하고, 면회를 허용하고, 구금에 이의를 제기할 수 있는 통로를 보장하라고 요구하는 것 정도에 불과하다. 이는 정부 행위자더러 남용을 삼가라고 요구하는 데 그칠 뿐이지 미등록 이주자들이 동등한 권리 담지자로서 등장할 수 있는 세계를 만들자고 요구하는 것이 아니다. 이와 달리, 권리들을 가질 권리를 위한 정치 행동은 이민법 개정이나 구금 금지, 이민국 해산과 같은 제도적, 법적 변화를 요구할 것이다. 이러한 행동은 미등록 이주자들이 두려움 없이 공개적으로 자신의 권리를 요구할 수 있는 사회를 창출하려는 노력의 일부가 될 수 있다.

아렌트는 이렇게 권리를 천부적인 소유물이라기보다 집합적인 성취로 보도록 촉구하는 동시에, 그 성취가 **양가적**이라는 점 또한 염두에 두도록 촉구한다. 역사적으로 권리가 국민국가의 틀에서 성취되어 왔기 때문이다. 보니 호니그(Bonnie Honig)가 언급했듯이, 국민국가는 일부의 사람들에게 권리 담지자로서의 지위를 창출해 주었지만, 권리 담지자로서의 지위를 국적과 연결함으로써 다른 이들에게는 위태로운 상황, 심지어는 권리 담지자로서의 지위를 상실하는 상황 또한 창출했다.[15] 즉 아렌트의 권리 개념은 권리의 '성취' 또한 비판적인 시각으로 봐야 함을 일깨워 준다. 예를 들면, 우리가 다음과 같은 질문을 계속해서 제기하고 숙고해 보도록 만든다. 미등록 이주자들에게 권리 담지자로서의 지위를 창출해 주는 것이 발생시킬지 모를 또 다른 종류의 배제에는 어떤 것이 있는가? 미등록 이주자에게 권리 담지자로서의 지위를 줄 수 있게 법과 제도를 바꾼다 해도 그들의 새로운 지위에 우리가 여전히 살펴야 할 위태로움이 남아 있지는 않은가? 평등을 실제의 현실이 되게 하려면 또 다른 방식의 정치적 행동이 필요하지는 않은가?

더불어, 아렌트의 권리 개념은 권리가 늘 **취약하고 제한적인** 성취라는 것도 말해 준다. 권리는 그것의 유지가 정치 제도, 법, 사회 정치적 규범, 그리고 다른 정치 행위자들 등 개인의 통제를 벗어난 요인들에 달려 있다는 점 때문에라도 취약하다. 자연권 이론가들은 우리가 인간으로 존재한다는 이유만으로도 언제나 권리를 갖는다고 말하지만, 아렌트는 권리란 구성원들에게 동일한 지위를 부여하고자 하는 집단적인 조직화를 통해서만 존재한다고 주장했다. 이렇게 보면, 권리를 요구하는 것은 개인의 프로젝트일 수 없다. 정치적 조직의 특정한 형태를 지탱함으로써만 권리를 요구하고 주장할 수 있기 때문이다.

하지만 또 다른 이유에서도 권리들은 취약하고 제한적이다. 권리가 내포하는 추상적이고 인위적인 동질성이 인간의 다원성, 다양성, 차이와 충돌을 일으킬 것이기 때문이다. 우리가 "동등하게 태어나는 것이 아니라 우리 자신에게 상호적으로 동등한 권리들을 보장하기로 결정한 것에 의해서 집단의 성원으로서 동등해지는 것"이라면,[16] 이러한 인위적인 평등은 "단순히 주어진 것들의 어두운 배경, 고유하고 달라질 수 없는 본성으로 형성된 이 배경"과 충돌하게 된다.[17] 아렌트는 권리가 제한적인 속성을 갖는다는 것, 즉 우리를 완전하게 동등하고 동질적으로 만들 수는 없다는 것을 인정하는 것이 매우 중요하다고 보았다. 권리를 성취해도 그것이 동질적인 평등을 만드는 데는 실패할 수밖에 없다는 점에서 정치적 억압과 폭력이 발생할 수 있음을 우려했기 때문이다. 아렌트는 이렇게 언급했다.

> 문명이 더 고도로 발달할수록, 문명이 만든 세상이 더 많이 완성될수록, 인간이 만든 인위적인 것들 안에서 사람들이 더 편안하게 느낄수록, 그들은 자신이 만들지 않은 모든 것, 알 수 없이 그들에게 그저 주어진 모든 것에 대해 더 많은 적개심을 갖게 된다.[18]

아렌트는 자유와 평등의 체제를 만들 수 있는 힘이 우리에게 있다는 느낌 자체가(이것을 '정치적 오만'이라고 부를 수 있을 것이다) 자유롭고 평등한 인간의 이상적 모습에 부합하지 않아 보이는 사람들에 대한 분노를 일으킨다고 보았다.[19] 정치적 오만은 정치 행위자들이 '희생양 만들기의 정치'에 빠져들게 만든다. 모든 이를 위해 더 나은 조건을 만들기 위한 집합 행동에 나서기보다 사회 정치적 문제들을 그 사회의 다수자와 달라 보이는 주변화된 집단 탓으로 돌리는 것이다. 예를 들면, 어떤 미국인들은 경제적 불평등과 불의에 대해 이민자를 탓한다. 차이들을 가로지르는 정치적 연대를 일궈 모두에게 더 평등하고 정의로운 사회를 만들기 위한 노력에 나서는 것이 아니고 말이다. 아렌트는 우리가 권리의 제한적인 속성을 잊지 않는다면, 정치적 오만으로 흐르는 것을 방지하고 시민들이 희생양을 만드는 쪽보다는 불의에 대항하는 쪽으로 정치적 행동을 펼 수 있게 되리라고 보았다.

아렌트가 인권 정치가 가져올 수 있는 정치적 오만을 우려한 것은 전후 유럽의 무권리자, 무국적자, 그 밖의 박해받는 사람들을 염두에 둔 것이지만, 권리가 다원적인 주체들에게 **동질화**를 강제하는 속성을 갖는다는 아렌트의 견해는 권리 정치가 제국주의적이고 차이를 파괴하는 속성을 갖는다는 오늘날의 비판과도 상통한다. 예를 들면, 포스트 식민주의 및 제3세계 이론가들은 서구의 인권 담론을 비서구 맥락에서 적용하려는 것이 인간의 가치와 자유에 대해 비서구 세계에서 발달되어 온 개념들을 왜곡하고 파괴하는 제국주의적 강제라고 비판한다.[20] 또 다른 맥락에서 퀴어 이론가들은 동성혼 인정을 위한 투쟁이 친밀성, 가족, 사회성에 대한 대안적 개념들을 주변화하고 파괴하는 동질화의 정치라고 비판한다.[21] 또 웬디 브라운(Wendy Brown) 등은 일반적으로 권리 정치가 정치적으로 살아가고 관련을 맺고 행동하는 대안적인 방식들을 풍성하게 육성할 수도 있었을 저항 정치를 동질화하고 정상화하는 기제라고 비판한다.[22]

　이러한 현대의 비판과 맥을 같이한다는 것을 염두에 두면, 권리를 소유물이라기보다 **양가적이고 집단적이며 제한적인 성취**로 보는 아렌트의 개념은 오늘날 이주와 이동의 정치에 대해 매우 유용한 관점을 제공해 줄 뿐 아니라 더 크게 보아 권리 정치 일반에 대해 새로운 접근을 할 수 있게 해 준다. 권리 정치를 비판할 때 흔히 제기되는 "권리 주장이 자유를 주느냐 아니면 정상화와 억압을 영속화하느냐"의 질문을 벗어나, "이러저러한 권리에 대한 특정한 요구가 촉진하거나 이끌어 내고자 하는 정치 세계는 **어떤 종류의 정치 세계이냐**"를 질문할 수 있게 해 주는 것이다. 가령, 어떤 특정한 권리 주장이 전쟁을 정당화하는 지배 계층의 권리 주장인가, 아니면 더 많은 사람들이 권리 주장을 할 수 있는 평등한 사회를 위해 제도 개혁을 요구하는, 소수자 및 그들과 연대하는 동지들의 정치적 요구인가? 권리를 소유물로서가 아니라 특정한 정치 세계를 창조하는 정치적 프로젝트로 이해한다면, 권리 주장을 지고의 평등 정치도 아니고 그렇다고 단순히 제국주의적 억압도 아닌, 더 큰 평등을 일구는 정치적 노력의 다양한 자원 중 하나로 여길 수 있다. 다른 종류의 정치도 그렇듯이, 이것은 평등을 방해하기도 하고 평등의 달성에 기여하기도 한다.

흔히 권리 정치를 보편주의 정치로 보는 경향이 있다. 즉 '모든 이에게 보편적이고 진리인 원칙'이 존재한다는 가정에 의존하는 정치로 보는 것이다. 인권 정치가 대중적으로 호소력 있는 이유 중 하나는 우리 모두가 자연적으로 동일한 권리들을 가지고 있다는 개념이 다양한 문화, 체제, 이념에서도 동일한 원칙으로 판단을 내릴 수 있게 해 줄 것처럼 보이기 때문이다. 하지만 자연권 개념에 대한 아렌트의 비판은 권리 보편주의가 위험한 신화임을 말해 준다. 이것은 제국주의적이고 동질화를 강제하는 정치를 촉진하며 그럼으로써 우리가 도덕적 확실성이라는 편안함(혹은 착각)을 취하고자 권리 없는 사람들이 처한 진짜 현실을 간과하게 만드는 신화다.

하지만 군도두가 언급했듯이 아렌트의 비판은 자연권 개념이 갖는 도덕적 확실성을 권리에 대한 허무주의로 대체하자는 것이 아니다.[23] 그보다, 아렌트의 비판은 권리를 '갖는다'는 것에 대해 모든 이가 권리를 주장할 수 있는 정치 세계를 만들고 조직하고 창출하는 데 참여한다는 의미의 대안적인 개념으로의 길을 열어 준다. 이러한 정치는 보편주의 정치가 아니다. 우리 모두에게 동일한, 혹은 동일해야만 하는 무언가가 있으므로 모든 상황에서 동일한 도덕적 주장을 하는 것이 타당하다고 가정하지 않기 때문이다. 아렌트가 말한 '권리들을 **가질** 권리'는 **더 열려 있는 미래**를 향한 대안적 개념을 시사한다. 모든 인간이 (그리고 심지어는 인간이 아닌 것들도) 필요하고 원한다면 합법적으로 권리 주장을 펼 수 있는 세계를 창출하자고 지속적으로 촉구하는 것이다.[24] 이 대안적인 권리 정치의 지향은 자연권 기반의 권리 주장을 다 부인해야 한다는 의미가 아니라, 그것을 다른 방식으로, 아마도 다른 종류의 요구를 만들어 내는 것으로서 듣기 시작해야 한다는 의미다. 개개인이 자연적으로 가지고 있는 권리들을 존중하고 인정해 달라는 요구로서가 아니라, 모든 이가 권리를 주장할 수 있는 주체로 동일하게 대우받고 모든 이의 목소리가 들릴 수 있는 세계를 만드는 일에 함께 나서자는 요구로서 말이다.

3장

●

'권리들'을 가질 권리

새뮤얼 모인(Samuel Moyn)

'권리들을 가질 권리'라는 구절이 단수형으로 등장하는 '권리'에서 복수형으로 등장하는 '권리들'로 초점을 옮겨 보자. 그러면 권리들의 전제 조건에서 권리들의 달성으로, 또 정치체로의 포괄적인 통합에서 구체적이고 견고한 시민의 자격으로 우리의 관심이 이동하게 된다.[1] 한나 아렌트가 말한 이 유명한 구절은, 단지 인간으로 존재한다는 것이 "벌거벗은 생명"으로 전락하지 않도록 시민들의 공동체에 포괄적인 포용의 기준을 설정할 필요가 있다는 의미로 흔히 해석되어 왔으며, 이런 해석은 물론 타당하다. 하지만 복수형으로 쓰여 있는 '권리들'은 아렌트가 구체적으로 시민권을 실현하고 다원화하고 확장하는 데도 깊이 관심을 두고 있었음을 보여 준다. 아렌트는 소속될 권리를 일컬어 '시민이 될 권리'라든지 '정치 공동체의 성원이 될 권리'라는 표현을 쓸 수도 있었을 것이다. 하지만 그러지 않고 '권리들을 가질 권리'라는 표현을 사용했다.

물론 이것을 과잉 해석하지는 말아야 한다. 아렌트는 여타 저술에서 시민권의 최종적인 비전을 권리라는 용어로 제시하기를 꺼렸다. 또 그만큼이나 유명한 (혹은 악명 높은) 사실로, 아렌트는 '정치적인 것'이 고려해야 할 사항에서 '사회적인 문제'들을 배제했다. 그래서 아렌트는 당대를 규정했던 복지 제도를 신랄하게 비판한 사람으로 잘 알려져 있다. 이런 점들을 고려하면, 이 장에서 내가 할 수 있는 것은 풍성한 사상가들이 다 그렇듯이 아렌트가 하나의 책에서 쓴 하나의 단어도 종종 나머지 저술들에서 개진한 사상 전체와 관련된 시사점을 가질 수 있음을 드러내는 것 정도일 테다.

오늘날, 권리들을 가능케 하는 전제 조건으로서 포용적 시민권에 대한 아렌트의 이론을 되살리는 것은 물론 중요하다. 하지만 견고하고 구체적인 시민권을 '권리의 용어'로 상상하는 것에 대해 아렌트가 매우 관심이 있었으면서도 동시에 매우 회의적이었다는 것을 고려하지 않는다면, 아렌트의 사상이 가진 중요성을 제대로 파악하지 못하게 될 것이다.

저명한 법 이론가 프랭크 마이클먼이 말했듯이, 아렌트는 논리적으로 순환 논법이 될 위험을 감수하고 '권리들을 가질 권리'라는 말을 만들면서 일종의 선험적인 주장을 폈다. 아렌트는 다른 권리들을 지탱해 주는 조건이 무엇인지를 살펴보면서 그 조건의 핵심은 사전적(事前的)이고 절대적인 '성원권'이라고 주장했다. 하지만 아렌트의 견해는 권리들을 누릴 수 있기 위해 필요한 전제 조건으로서 정치적인 통합에 주목했다는 점에서뿐 아니라 그러한 통합에는 공동의 세계를 짓는 집합적 주체가 꼭 필요하다는 것을 논했다는 점에서도 큰 중요성을 갖는다.[2]

아렌트가 정치적인 통합이라는 전제 조건을 **권리**라고 이야기한 것은 아마도 우연이었을 것이다. [이를테면, 아마도 그때 집필의 주제가 권리(난민들의 무권리 상태―옮긴이)였으니만큼, 권리의 전제 조건도 권리라는 용어로 표현한 것 이상은 아니었을 것이다.] 이 전제 조건이 가까운 미래의 국제 질서에서 보장될 수 없을 것이고 세계인권선언 같은 프로젝트도 가슴 벅찬 규범적 주장들이라는 점을 제외하면 실현 가능성과는 거리가 멀어지게 되리라는 것이 아렌트의 주장이었으니 말이다. 아렌트는 시민권 자체가 없는 상태에서는 인권 목록을 유려하게 열거해 놓은 문서가 아무 소용이 없다고 보았다. 굶어 죽어가는 사람이 있는데 긴 코스 메뉴를 읊는 것처럼 말이다. 아렌트가 이후에 이 견해를 수정했다고 볼 근거는 없으며 이후 30년간의 저술에서 아렌트는 세계인권선언을 한 번도 언급하지 않았다.

또 아렌트가 다른 저술에서는 '권리들을 가질 권리'라는 구절을 사용하지 않았다는 점도 이것을 단지 수사법으로만 썼다는 것을 강하게 암시한다. 즉 정치적 소속이라는 전제 조건을 굳이 **권리**로서 제시한 것에 딱히 내용적인 실체가 있지는 않았던 것 같다. 이 구절이 처음 등장한 "인간의 권리가 갖는 난제들"에 대한 글의 독일어 번역본 제목이 "인간의 권리는 단 하나만 존재한다(Es gibt nur ein einziges Menschenrecht)"이긴 하지만, 여러 문헌들에 따르면 이 제목은 아렌트가 아니라 지인인 돌프 슈테른베르거(Dolf Sternberger)가 지은 것이 확실하다. 당시 이 글이 게재된 『변화(Die Wandlung)』지의 편집자였던 슈테른베르거는 "더 에너지 넘쳐 보이도록" 제목을 그렇게 지었다고 한다.[3] 나중 저서인 『예루살렘의 아이히만』에 나오는 한 단락을 들어 아렌트가 초국적 제도, 국제법, 인권 등에 점점 더 기대를 걸게 되었다고 주장하는 사람들도 있지만, 거기에서도 아렌트는 생존이 위협에 처한 사람들에게 '생존의 권리'를 부여하려 하지 않았으며 아돌프 아이히만(Adolf Eichmann)이 유죄인 이유는 "누가 이 세계에 생존하고 누가 생존하지 않아야 하는지 결정할 권리"를 만들려 했다는 점이라고 언급하기도 했다.[4] 유대인에 대해 나치가 발산했던 증오를 묘사하는 데 '권리'라는 단어를 사용했다고 해서 아렌트가 '권리'를 자신의 이론에서 주요한 분석적 개념으로 삼았다고 볼 수 없듯이, 단지 인간의 지위가 갖는 중요성에 '권리'라는 이름을 붙였다고 해서 아렌트의 논의에서 '권리'가 이론적으로 중요한 의미를 갖는 것이었다고 볼 수는 없다. 그렇더라도 '권리들을 가질 권리'라는 화법은 아렌트가 여타 저술에서 전반적으로 개진한 정치 이론의 접근 방식과 잘 맞아떨어진다. 아렌트가 대응하고 있는 상대가 1940년대 말 권리의 언어를 열렬히 신봉하던 덧없는 옹호자들임을 말해 주기 때문이다. '인권이 중요하다고? 그렇다면 그것은 오로지 그보다 먼저 와야 하는 가장 중요한 하나의 권리 덕분일 뿐이야.' 그 밖에는, 아렌트가 정치 공동체에의 소속을 (심지어는 인류에의 소속도) **권리**로서 개념화했다는 증거는 없다.[5]

그렇다면, 아렌트의 이 유명한 구절에서 단수형으로 제시된 '권리'를 넘어 복수형의 '권리들'을 고찰하는 것이 우리에게 더 흥미로울 수 있다. 아렌트가 복수형의 '권리들'을 언급한 것이 무언가 더 시사해 주는 바가 있지 않을까? 이를 드러낼 수 있는 유일한 방법은, 아렌트가 이상적이라고 생각한 정치적 삶의 비전인 "공동 행위(act in concert)"가 권리 정치의 형태를 취한다고 보는 일반적인 해석에 배치되는 증거들을 면밀히 고찰하는 것이다. 아렌트는 이 유명한 구절을 제시하면서, 우리가 권리들이 생겨날 수 있도록 성원권의 충족을 추구해야 한다고는 주장하지 않았다. 적어도, 단순한 방식으로 그렇게 주장하지는 않았다.

『전체주의의 기원』에서 아렌트는 권리 정치를 세속화로의 전환이라는 맥락에서 고찰하고 있음을 분명히 밝혔다. 또『혁명론』에서는 미국의 건국 담론에서 종교적인 호소가 중요한 역할을 했음을 명백하게 밝혔다. 나치 시기의 정치철학자 카를 슈미트(Carl Schmitt)는 미국이 자신의 정치가 신성에 기원한다는 점을 정직하게 광고하고 있다고 말한 바 있는데,『혁명론』에서 아렌트도 슈미트의 주장에 동의하는 것처럼 보인다. 슈미트가『정치 신학(Politische Theologie)』에서 주장했듯이, 미국의 건국에서 놀라운 점은 세속 정치에서 "신의 주권"이라는 종교적 개념을 숨기려 한 적이 없었다는 것이었다.[6] 초기 저서인 『전체주의의 기원』에서 아렌트는 도덕규범을 종교적인 형이상학과 분리하려 한 근대의 시도에는 권리의 신봉자들이 "절반만 알고 있는" 시사점이 있다고 언급했다.

> [그러한] 인권을 선포하는 것은, 개인들이 자신이 태어난 영지에서 가질 수 있었던 안정성을 더 이상 믿지 못하고 기독교인으로서 믿었던 신 앞에서의 평등도 더 이상 확신할 수 없게 된 새로운 시대에 절실히 필요했던 보호를 의미하기도 했다. 다른 말로, 세속화되고 해방된 새로운 사회에서 인간은 그때까지 정치 질서 외부에 존재했고 정부나 헌법에 의해서가 아니라 사회적, 영적, 종교적 요인들에 의해 보장되었던 사회적, 인간적 권리들을 누릴 수 있으리라는 것을 더 이상 확신할 수 없게 되었다.[7]

이미 여기에서 아렌트는 '권리'를 과거에 종교 문명이 수행했던 기능을 메우려는 세속화의 시도로서 고찰하고 있다. 그리고 『혁명론』을 집필했을 무렵이면, 아렌트는 권리 담론이 종교로부터 "절대자의 문제"를 물려받은, 그리고 전에는 종교가 지탱해 주던 권위를 새로이 구축해야 할 필요성을 갖게 된 미국인들이 권리를 종교 대신으로 삼기 위한 방편이었다고 보고 있었다. 대서양 건너 프랑스에서 로베스피에르(Maximilien Robespierre)가 '최고 존재'를 숭배하는 종교를 만들고자 (당대 사람들에게도 우스꽝스럽게 보일 정도로 요란한 착수 행사까지 벌여 가며—옮긴이) 처절하게 기를 쓴 것은 우스워 보이지만, 미국인들 또한 "정치 영역에 신성한 원칙, 혹은 초월적이고 선험적인 승인이 필요"하다는 생각을 매우 깊이 갖고 있었음을 생각하면 프랑스가 딱히 우스꽝스러운 것도 아니었다고 아렌트는 언급했다.⁸⁾

아렌트는 이런 필요성이 생기는 이유가 유럽처럼 미국도 기독교에서 일반적인 종교적 관습뿐 아니라 '합법성'에 대한 새로운 개념 또한 물려받았기 때문이라고 주장했다. 법이 권위가 있으려면 그 권위를 제공하는 상위의 원천이 있어야만 한다고 생각하게 된 것이다. 유일신론은 고대와 근대 사이의 시기에 합법성의 개념을 크게 변화시켰고 법을 '명령'으로 간주하는 모델을 수립했다. 실증주의적 법학 이론들도(아렌트는 자연법 이론도 실증주의적 법학 이론에 포함되며, 아무리 자연주의적으로 표현된다 해도 자연법 이론 역시 모종의 신성한 원천에 뿌리를 두고 있다고 보았다) 그 핵심에서는 노골적으로, 또 은밀히 종교적이다. 인간을 초월하는 원천에 기대지 않고는 법을 생각할 수 없었다는 사실은, 얼마나 시대착오적으로 보이든 또 얼마나 은밀하게든 간에, 불가피하게 종교가 계속 작동하게 되리라는 의미였다.

아렌트는 이러한 개념상의 변화를 염두에 두면 유럽뿐 아니라 미국도 "서구에 종교의 최종 승인에 기반하지 않은 세속 영역이 존재하지 않았던 수백 년 세월, 그리고 세속의 법이 신성한 섭리의 세속적 표현으로 이해되어 온 수백 년 세월의 맥락"에서 해석될 수 있다고 보았다.[9]

합법성 자체가 종교에 기원을 둔다는 것은, 신세계에서 새로운 질서를 수립하려던 미국의 시도에서조차 법이 권위를 가질 수 있으려면, 루소(Jean-Jacques Rousseau)의 말마따나, "법을 인간보다 위에 두어야 할" 필요가 있었음을 의미한다. "법이 정당성을 가지려면 신이 필요한 것 같다"는 루소의 결론은 미국에도 완벽하게 적용된다.[10]

따라서 아렌트는, 미국을 건국한 사람들이 그들이 선포한 절대적인 것들의 신성한 기원을 명시적으로 이야기하지는 않았다 해도 '상위의 법'으로서 양도할 수 없는 권리에 호소한 것은 여전히 신학적이며, 이는 놀랄 일이 아니라고 보았다.

미국의 제도와 헌법적 기관 중 어느 것도 실제로 절대주의의 발달에서 기원을 찾을 수는 없지만, 절대자의 문제를 피하려는 시도는 없었다. 알고 보니 이것이 전통적인 법 개념에 내재적인 것이었기 때문이다.… 세속의 법이 본질적으로 '명령'이라면, 신성이, 그러니까 자연이 아니라 자연의 신이, 또 이성이 아니라 신성이 알려 준 이유가, 그 명령을 승인했어야 하는 것이다.[11]

이것이 미국인들이 그들의 혁명의 토대를 "자연의 법과 자연의 신의 법(the Laws of Nature and Nature's God, 미국 독립선언문에서 매우 중요한 구절이다)"이 모든 인간에게 부여한 권리들에 둔 진짜 이유다.

아렌트의 최종적인 견해에서, '권리'는 미국 건국에서 진정으로 새로웠던 점 하나를 가리기 위해 꼭 필요했던 수사법에 불과하다. "18세기의 '계몽된' 사람들이 세속 영역을 교회의 영향에서 영구히 해방시키려 했던 바로 그때, 종교적인 승인을 애원해야 했던" 것이다.[12] 아렌트는 오히려 결사를 맺어 연맹을 체결했던 식민지 시기의 정치체 구성이 (이후의 혁명가들보다 더 공공연히 종교적이었던 개신교도들이 수행한 것임에도) 고대 정치의 현대적 부활로서 아렌트가 높이 평가한 "공동 행위"의 정치 모델에 더 잘 부합한다고 보았다. 아렌트는 "인권의 선언이나 시민권의 보장"은 종교적인 기원 때문에 "혁명의 목적이나 내용"으로서 기능할 수 없었다고 보았다. 권리들에 대한 선언은 혁명의 진정한 성취를 가리기 위한 없어서는 안 될 수 사법으로서만 유지되었다. 사실 새로운 정치체의 건설은 권리를 선언함으로써가 아니라 결사를 맺음으로써 달성되었지만, 건국의 아버지들은 세속 국가 건설을 위한 야망의 정점에서 종교적인 승인을 "애원"해야만 했고 이것을 권리의 화법이 제공했다. 아렌트의 설명에서, '권리'는 특히나 미국적인 형태의 정치 신학이었다. 권리는 아렌트가 높이 평가하는 종류의 정치 행동에 내용이나 실체를 제공할 수 없었다.[13]

따라서 '권리들을 가질 권리'라는 표현을 통해 아렌트가 시민권의 내용을 다원화했다 해도, 궁극적으로 권리가 아렌트의 정치 이론에서 정치 행동의 진정한 혹은 지고의 열망으로서 중요성을 갖지는 않는다는 점 또한 명백하다. 미국 혁명가들에게 권리는, 종교가 여전히 지속되던 시기에 그들이 시도한 정치적인 모험에서 진정으로 급진적인 점(대규모 공화국을 건설하기 위한 연방제—옮긴이)을 (심지어는 그들 자신에게도) 가리기 위해 사용되었다.

이 중요한 사실에 더해 짚어 둘 것이 한 가지 더 있다. 아렌트는 정치가 마땅히 관심을 기울여야 할 바에서 "사회적인 것"을 제외했다. 이는 격렬한 논쟁을 불러일으키면서, 대부분의 사람들이 현대 정치의 주요 내용이라고 생각하는 것의 상당 부분을 제외했을 뿐 아니라 2차 대전 후 제시된 **인권 체계 자체의 가장 혁신적인 부분**, 즉 경제적, 사회적 권리를 정치에서 제외했다. 인간적인 일터, 노동을 하기에 너무 어리거나 나이가 들었거나 건강이 좋지 않을 때 받을 수 있는 사회적 보조, 또 교육, 건강, 주거에 대한 기본적인 자격 등을 정치적 논의에서 제외한 것이다. 경제적, 사회적 권리들에 대한 합의를 세계인권선언을 비롯한 동시대의 여러 문서들이 포함시킨 것은 서구 전반에서 복지주의가 정점에 올랐음을 반영하는 것이었다. 그리고 이러한 새로운 자격들은 공산주의 국가, 자본주의 국가를 막론하고 시민들이 아렌트가 그토록 높이 평가한 '시민권'을 통해 누리고 싶어 하는 것이 되어 있었다.[14]

하지만 아렌트는 생명, 생존의 가치들이 시민적 가치에 적대적이라고 주장했다. 생물학적인 필요들을 적절히 충족시키는 것이 정치적 자유의 형성에 전제 조건이 아니라 방해 요인이라는 듯이 말이다. 아렌트는 "사회란 생존을 위한 상호 의존에만 공적인 중요성을 인정하고 생존에 관련된 활동들만이 공적으로 등장할 수 있게 허용하는 형태"라고 경고했다.[15] 물론 너무나 많은 사람들에게 정치적 행동의 가능성 자체를 제거해 버리는 빈곤과 비참함에 대해 복지 국가 제도가 합당하고 합리적인 대응일 수 있다는 점을 아렌트가 간과했다는 비판도 가능할 것이다. 하지만 우리에게 흥미로운 점은, 아렌트가 복지 국가적 관료제와 도구주의에 대한 우려 때문에 **시민권의 사회화**에 대해 당시에 표준적이던 냉전 시기 자유주의의 복지 국가 비판과 비슷한 입장을 취하게 되었다는 점이다. 만약 아렌트가 권리의 다원화를 지지했다면 시민권의 사회화야말로 아렌트가 의미했을 법한 권리의 다원화에서 핵심이었을 텐데 말이다. 아렌트가 새로운 권리들을 요구했다 해도 그것이 경제적이거나 사회적인 것일 수는 없었을 것이다.

아렌트는 20세기에 서구에서 (그리고 점차 다른 지역에서도) 표준화된 시민권 개념이 복지 국가 쪽으로 급격히 재규정되었다는 것을 잘 알고 있었다. 세계인권선언도 "모든 국가와 국민들을 위한 공통의 성취 기준"이라고 스스로를 묘사했고, 만약 아렌트가 저술에서 세계인권선언을 언급했다면 여기에서 진정으로 새로운 점은 이 선언문이 여기에 약속되어 있지도 않고 예견되어 있지도 않은 "권리의 국제화" 모델이 아니라 "시민권의 사회화" 모델이었다는 점을 논해야 했을 것이다. 그런데 아렌트가 숨진 1976년 무렵, 세계는 전례 없고 예기치 못한 '권리의 국제화'에 돌입하려 하고 있었다. 전에는 일부 국가에서만 제시되었던 약속들이 글로벌 프로젝트가 된 것이다. 하지만 그 과정에서 처음에는 핵심이었던 '사회적 권리'들이 점차 사라졌다. 앰네스티 인터내셔널(Amnesty International)은 현대 인권 운동을 일으켰고 아렌트가 숨지고 1년 뒤에 노벨평화상도 받았지만, 수십 년 동안 이곳의 활동은 정치적, 시민적 권리[정치적 자유와 관련된 권리. 통상 1966년에 채택된 두 개의 인권 규약 중 '시민적·정치적 권리에 관한 국제 규약'(약칭 '자유권 규약')이 규정한 권리들을 일컫는다 ― 옮긴이]에만 초점을 두고 있었다. 이것은 경제적, 사회적 권리[후생과 관련된 권리. 통상 1966년에 채택된 두 개의 인권 규약 중 '경제적·사회적·문화적 권리에 관한 국제 규약'(약칭 '사회권 규약')이 규정한 권리들을 일컫는다 ― 옮긴이]에는 그리 관심을 두지 않는 국제 권리 운동이 부상한 더 일반적인 추세를 단적으로 보여 준다. 이런 경향은 한동안 이어졌다. 이들이 스스로 시금석으로 삼고 있다고 말하는 세계인권선언의 절반이 경제적, 사회적 권리에 대한 것인데도 말이다. 『전체주의의 기원』에서 '권리들을 가질 권리'를 언급한 작은 부분이 한참이 지난 후에야 학계의 관심을 받게 된 것을 보면, 아렌트가 얼마나 당대의 시대와 부합하지 못했는지, 그리고 거의 예언적이라 할 만큼 얼마나 미래를 잘 예견했는지 두 가지 모두가 놀랍다(앞에서 언급했듯이 수십 년 동안이나 이 부분은 잊힌 상태로 있었다). '권리들을 위한 권리'는 대부분의 사람들이 단지 권리의 사회화만을 원하던 때에 권리의 국제화를 비판하는 맥락에서 쓰였고, 그 때문인지 당대에는 아무의 관심도 끌지 못했다. 하지만 우리 시대에는 이 구절이 완전히 다른 맥락에서 받아들여지고 있다. 즉 오늘날에는 사회적 시민권이 위기에 처한 상황에서 많은 사람들이 권리의 국제화를 원한다.[16]

내가 파악할 수 있는 한, 아렌트는 세계인권선언과 그 밖의 문서들에 나오는 경제적, 사회적 권리를 따로 논하지 않았다. 하지만 아렌트가 개진한 냉전 시기 자유주의, 혹은 보수적 자유주의 관점의 프랑스혁명 비판에서 그 혁명이 사회적 문제에 초점을 두고 있었다는 데(프랑스혁명 때 공공 보조와 보편 의무 교육에 대한 사회적 권리가 역사상 처음으로 등장했다) 집중된 것을 보면, 아렌트가 현대의 경제적, 사회적 권리들에 대해 무엇이라 말했을지 짐작하기는 어렵지 않다. 경제적 권리, 공공 보조와 교육에 관한 권리 등을 최초로 성문화한 것은 1793년 국민공회에서 선포된 자코뱅의 '인간과 시민의 권리 선언'(1793년 프랑스공화국 헌법—옮긴이)이었고, 이후 로베스피에르는 아렌트가 무엇보다도 끔찍해 했을 공포정치를 시작했다. 프리드리히 하이에크(Friedrich Hayek), 레오 스트라우스(Leo Strauss), 야코브 탈몬(Jacob Talmon) 등과 마찬가지로, 아렌트는 국가가 대중의 욕구와 후생을 살피려 들면, 아니 구조적인 비참함을 해결하려 하기만 해도, 전체주의까지는 아니더라도 후견적이고 훈계적인 속성을 가질 수밖에 없다는 널리 퍼진 비판에 동조했다. 이러한 '큰 정부'는 자신의 임무 수행을 위해 개인의 자유를 침해하는 정부가 될 것이라고 본 것이다. 게다가 로베스피에르의 자코뱅 정치가 '충분함'이라는 이상을 벗어나 '분배적 평등'을 목표로 하면서 생존에 필요한 것을 제공하려 하는 데 그치지 않고 시민들을 모두 동질적인 상태에 이르게 하려 했다는 점에서 아렌트는 프랑스혁명을 한층 더 비판하게 되었을 것이다.[17] 아렌트는 평등한 사람들의 정치를 꿈꿨지만, 이는 소득이나 부의 평등이 아니라 발화자, 발언자로서의 평등을 의미했다. 냉전 시기의 다른 학자들처럼, 아렌트도 권리가 향락주의나 소비주의를 촉진해 시민들이 사적인 만족을 추구하는 데만 빠져들 가능성을 우려했다. 또한 스트라우스와 탈몬처럼, 아렌트도 20세기에 발달한 해로운 유형의 복지 국가주의를 루소가 일찍이 비판한 바 있다고 보았다. 탈몬은 이와 비슷한 맥락으로 전체주의적 민주주의를 비판한 글에서, "인권이라는 개념에 고무되어서, 그리고 기아와 결핍으로 상황이 악화된 상태에서, 대중은 프랑스혁명이 약속한 바(라고 그들이 착각한 것), 즉 그들의 '행복'을 실현해야 한다고 열렬히 목소리를 높이게 되었다"고 언급했다. 여기에서 그가 염두에 둔 것은 프랑스혁명기의 공산주의자 프랑수아 노엘 바뵈프(François Noël Babeuf)가 요구했던 분배의 평등만이 아니라, 경제적 권리들, 그리고 그것이 사적 재산과 자유 기업에 제기하는 위협이었다.[18]

아렌트의 핵심 저술들은 아렌트 역시 '행복'에 대해 제기되었던 냉전 시기의 비판에 동의하고 있었음을 분명히 보여 준다. 이러한 비판은 행복을 사회경제적 복지와 동일시한다.『인간의 조건(The Human Condition)』에서 아렌트는 행복이라는 이상이 공리주의 윤리에 따라 고통을 피하는 것을 목표로 삼게 만들고 '이기심'을 지고의 선으로 등극시킨다고 비판했다.[19] 또『혁명론』에서 아렌트는 미국 독립선언문을 쓴 토머스 제퍼슨(Thomas Jefferson)이 제시했던 것을 포함해 행복 개념의 불안정성을 논하면서, 행복을 잘못 인식된 권리의 유혹이라고 묘사했다. 아렌트에 따르면, 제퍼슨은 "행복의 추구를 인간의 양도할 수 없는 권리 중 하나"라고 잘못 보았다. 아렌트는, 제퍼슨이 "공공의 행복"이 정치적 행동을 의미한다고 해석할 수 있는 여지를 희미하게나마 남겨 놓았고 제퍼슨의 개념이 꼭 아렌트가 우려하는 사적인 결과로 이어지는 것은 아니라고 인정했지만, 실제 역사의 전개에서 제퍼슨의 개념은 끝없는 사적 복지의 프로그램으로 가는 길을 열었다고 보았다. 어쨌든 행복을 얻는 데 실패한 국민은 후견적인 국가가 사회 복지 프로그램들로 행복을 제공해 주길 원할 것이기 때문이다. 아렌트는 "정부의 목적이 자유냐 후생이냐"라는 질문은 제퍼슨이 이 둘을 뭉뚱그린 결과 해결될 수 없는 질문이 되었다고 지적했다. 아렌트는 복지를 목적으로 하는 국가가 꼭 자유로운 국가일 필요는 없고 자유로운 국가가 꼭 복지나 부를 필연적으로 포함하는 것도 아니라는 점을 우려했다. 행복의 유혹이 매우 쉽고 빠르게 자유의 중요성을 잠식할 수 있음을 프랑스혁명 이후에 공포정치가 여실히 보여 주지 않았는가?

풍요와 끝없는 소비는 가난한 자의 이상이다.… 욕구가 충족되어야 자유도 있을 수 있다는 것은 맞는 말이지만, 욕망을 위해서만 사는 사람에게서는 자유가 도망가 버린다는 것도 맞는 말이다.[20]

따라서 '권리의 다원화'와 관련해 세계인권선언의 복지 국가 조항으로 정점에 오른 프랑스혁명의 유산은, '권리들을 가질 권리'가 가능케 해 줄 '권리들'에서 아렌트가 가치 있게 여겼을 것이 무엇일지에 대해 그리 시사점을 주지 못하는 것으로 보인다.

냉전이 끝나고 인권 옹호자들은, 이제는 초국가적인 규모에서 경제적, 사회적 권리라는 의제로 뒤늦게 다시 돌아왔다. 아렌트가 그토록 신랄하게 비판했던 복지 국가가 한때 가졌던 호소력을 상실하고 내부로부터는 신자유주의자들에 의해 외부로부터는 '세계화'에 의해 잠식되는 상황에서 말이다. 아렌트가 권리의 국제화에 회의적이었다면 경제적 권리의 국제화에는 더더욱 냉소적이었을 것이다. 아렌트에게 이것은 '사회적인 것'이 ('정치적인 것'을 누르고─옮긴이) 새로운 지평에서 대대적으로 부상하는 신호로 여겨졌을 것이기 때문이다. 어쩌면 권리의 국제화에 대한 아렌트의 비판은 오늘날 아렌트 자신도 예견하지 못했을 방식으로 '사회적인 것'들에 대한 아렌트의 혐오와 결합될 수 있었을 것이다.[21] 만약 '권리의 다원화'가 2차 대전 이후 각국에서 합의된, 그리고 오늘날 국제적으로도 적용 가능한 규범으로 떠오른 사회경제적 권리들의 승리를 의미한다면, 아렌트는 이를 거부했을 것이다.

하지만 아렌트가 '권리들을 가질 권리'에서 복수형으로 권리를 다원화해 제시했다는 점, 그리고 이러한 화법상의 특성이 권리를 불완전한 세속화와 과도한 사회화의 표식으로 취급한 아렌트의 비판을 넘어서는 의미를 여전히 갖는다는 점은 짚을 필요가 있다. 이 장을 마무리하면서, 아렌트 본인이 개진한 사상의 맥락 안에서 우리가 '권리들을 가질 권리'에 초점을 두는 것이 정당한지 생각해 볼 필요가 있을 것이다. 아렌트가 권리들을 가질 **권리**를 **권리로서** 제시한 것은 아렌트가 당시에 상정한 독자를 염두에 둔 것일 뿐 이론적 의미는 크지 않은 것으로 보이기 때문이다. 또 선험적인 권리를 통해 다원적이고 구체적인 **권리들**을 갖게 된다는 프레임도 중요치 않아 보이고 아렌트가 다른 데서 제시한 이론과 상충하는 것처럼 보이기까지 한다. 설령 그렇지 않다 해도 이 구절은 너무 단서가 많이 붙거나 이견이 많이 제기되어 논의를 헛갈리게 하고 주의를 흩뜨리는 것처럼 보인다. 하지만 아렌트의 논지를 명확히 하는 데에 유의미할 수 있는 무언가가 여기에 더 있지는 않을까?

아렌트는 '다원성(plurality)'을 옹호했다. 첫째, 유명하게도 아렌트는 다원성이야말로 개념상으로나 실질적으로나 정치가 그에 걸맞은 이름값을 하게 해 주는 요인이라고 보았다. 둘째, 아렌트는 언어 활동으로서의 정치를 옹호했고 (서로 다른 사람들 간의 설득과 동의를 수반하는—옮긴이) 이러한 정치는 필연적으로 다원성을 전제한다. 셋째, 아렌트는 이러한 이상적인 정치에서는 설령 다원성이 (설득과 동의가 아니라—옮긴이) 대립적인 논쟁을 가져오게 된다 해도 이것이 폭력적인 대치의 형태를 취하게 되어서는 안 된다고 단서를 붙였다. 그런데 아렌트의 정치학이 갖는 이 세 가지 특징 모두 다양한 국면에서 인권의 정치를 촉발해 온 요인들과 잘 조화될 수 있다. 아렌트는 여러 가지 이론적인 이유 때문에 자신의 정치적 비전을 권리의 용어로 재구성하지 않으려 했고 현대에 각광을 받게 된 종류의 제도화[성문 헌법, 사법 심사, 비행을 폭로해 창피를 주는 식의 정보 정치, 국제 조약, (특히 유럽에서) 지역적 거버넌스 등]에 집착하지 않았다.[22] 아렌트가 이런 단기적이고 동원적인 정책에 우위를 두어야 한다고 주장했다고 상상하기란 매우 어렵고, 이는 해법을 구하기 위해 그런 정책에 (집착까지는 아니라 해도) 호소하는 현대 이론가들과 크게 대조적이다. 『혁명론』에서 아렌트는 헌법의 수립을 찬양했지만 그것이 자유를 실질적으로 구성해 내는 '정치 행위'였기 때문이지 민주 국가가 달성해야 할 바를 법적으로 규정하고 통제하는 길을 열었기 때문이 아니었다.

그렇다고 아렌트의 이론이 현대의 인권 정치를 추동한 더 깊은 동기와 상당 부분 겹치지 않는다는 말은 아니다. 아렌트가 인권 정치를 정당화했다고 해석하는 것이 아렌트 본인이 개진한 이론과 여러 가지 논리적 충돌을 일으키게 되는 것은 사실이다. 하지만 다원적이고 비폭력적인 언어 행동과 정치 행동을 위한 제도적 틀을 짓는 일이 인권과 깊이 결부되어 있는 현재의 거버넌스 기법에 의지해서는 안 된다는 말은 아니다. 추상적인 것들이 현실에서 구체적으로 실현될 수 있도록 '제도화'하는 것의 중요성에 초점을 두는 "공화주의적 인권" 개념을 제시하는 것은 아마도 가능할 것이다. 물론 아렌트 본인이 그런 개념을 제시하지는 않았다. 그렇더라도 아렌트주의자라면, 아렌트 본인이 권리 정치를 무엇이라 비판했든 간에 '권리 정치'라 부를 만한 무언가를 인정할 수 있을 것이다.[23]

이런 이유에서, 권리들이 미국독립혁명 시기에는 종교로서 기능했고 20세기에는 '사악한 사회화'의 모습을 보였음에도 불구하고, 아렌트가 단수형의 권리뿐 아니라 복수형의 권리(들)에도 관심이 있었다고 말할 수 있을 것이다. 하지만 이 관심은 권리들의 긴 목록이 말하는 가치들이 도덕규범상으로 진리냐 아니냐에 대한 것은 아니었다. 그보다는, 다원성을 지킬 수 있는 제도적 시스템을 어떻게 마련할 것이냐에 대한 관심이었다고 보아야 할 것이다. 국내외의 권리 제도들은 그러한 제도적 시스템을 추구하는 한 가지(그러나 유일하지는 않은)

방법이라고 볼 수 있다. 적어도 행동과 발언의 보호에 필요한 거버넌스 기법들, 그리고 행동과 발언 모두를 비폭력적으로 유지하는 데 필요한 거버넌스 기법들이 아렌트가 정치적 행동을 복원하자고 촉구한 데 대한 한 가지 답이 될 수 있을 것이다. 아렌트가 그것을 공식적으로 '권리'라고 부르지는 않으려 했더라도 말이다.

흥미롭게도, 이 가운데 어느 하나라도 옳다면, 현대 권리 정치에서 아렌트의 목적과 가장 잘 부합하는 것은 그것의 국제적인 측면이 아니라 끊어지면서도 계속되는 제도적 실험의 측면일 것이다.[24] 따라서 권리에 대한 아렌트식 이론을 상상해 보고자 한다면, (아렌트가 상정한 이상적인―옮긴이) 정치 행동을 가능케 하는 종류의 정치적 구조는 무엇이며 그런 구조를 어떻게 지을 것인가와 관련한 제도적 차원에 초점을 맞춰야 한다. 그러려면, 자유를 위한 실험적 구조를 어떻게 고안할 것인가에 대한 기존의 도그마들을 피해야 한다. 작동하지 않는 접근 방법이 도그마가 되어 있다면 더욱 그렇다.[25] 더불어, 정치적 행동을 가능케 하는 제도적 조건에 초점을 두려면 경제적, 사회적 권리의 정치를 냉전 시기의 냉소적인 비판으로부터 회복시킬 필요도 있을 것이다. 아렌트가 마지못해 인정했듯이, 정치적 행동에는 생계의 유지가 분명히 필요하니 말이다.

요컨대, 아렌트가 제시한 '권리들을 가질 권리'라는 구절은, 이것이 울리는 그 모든 반향에도 불구하고 영속적인 가치를 갖지는 않는다고 보면 안전한 해석일 것이다. 그것은 아렌트 자신의 저술 안에서도 일관성 있게 유지되지 못했고 권리 담론의 가치에 반대하는 아렌트의 전반적인 주장과 많은 면에서 충돌하기도 했다. 그럼에도, '정치적 행동'을 가능케 하는 제도적인 노력을 더 많이 기울이도록 촉구한다는 점에서라면 이 구절이 앞으로도 계속 유의미할 수 있을 만한 무언가를 담고 있다고 말할 수 있을 것이다.

4장

●

'누구의?'

알라스테어 헌트(Alastair Hunt)

> 인간의 타고난 존엄은… 존재하지 않을 뿐 아니라
> 인류가 긴 역사에서 발명한 신화 중 가장 오만한 신화일 것이다.
> ─한나 아렌트, 『전체주의의 기원』

> "어쩌면 저는 그걸 받아들이는 법을 배워야 할 거예요. 바닥부터 시작하는 것
> 말이에요. 아무것도 없는 채로. 이것밖에 없는 채로도 아니고. 아무것도
> 없는 채로. 카드도, 무기도, 재산도, 권리도, 존엄도 없이."
> "개처럼 말이지."
> "그래요. 개처럼요."
> ─J. M. 쿳시(J. M. Coetzee), 『추락(*Disgrace*)』

'권리들을 가질 권리'는 이 권리를 가진 누군가의 존재를 암시한다. 그런데 그는 누구인가?

그가 누구인지 이 구절은 말하지 않는다. '권리들을 가질 권리'라는 표현은 그 권리를 가진 자가 무엇을 갖게 되는지(다른 '권리들'을 갖게 된다)는 말해 주지만, '인권'이라든지 '여권'이

라든지 '동물권'이라든지 하는 표현과 대조적으로 그 권리의 담지자가 누구인지는 이야기하지 않는다.

모든 아렌트 연구자가 여기에 주어가 생략된 이유는 한 가지뿐이라고 생각하는 듯하다. 이 권리를 소유하는 주체가 말할 필요도 없이 인간이라서 생략된 것이라고 말이다. 이러한 확신은 이 권리가 '인권'을 달리 표현한 것이라고 보는 널리 퍼진 해석에 잘 드러난다. 이러한 견해는 다양한 방식으로 제시되었는데, 그중 하나는 인간으로 존재한다는 것이 권리들을 가질 권리의 실체적 토대가 된다는 관점이다.[1] 또 다른 견해는 "인간적으로 존재함"이 권리들을 가질 권리(를 발화하는 행위—옮긴이)가 발휘하는 수행적 효과라고 보는 관점이다.[2] 어느 경우든, 권리들을 가질 권리가 인간에게 속한다는 의미에서 '인권'이라는 데는 모두가 동의한다.[3] 아렌트 연구자로 가장 유명한 세일라 벤하비브는(벤하비브의 논증에 모두가 동의하는 것은 아니지만) **권리들을 가질 권리**는 단지 인간 종에 속한다는 이유만으로 인정되는 권리"라고 이를 간명하게 표현했다.[4]

하지만 아렌트의 글을 면밀히 읽다 보면, 인간만이 권리들을 가질 권리의 주체라고 가정하는 것이 과연 정당한지에 대해 다시 생각하게 된다. 물론 아렌트 본인은 권리들을 가질 권리가 "인권 개념이 다시 한 번 더 유의미해질 수 있게 할"

한 가지 방식이 될 것이라고 말했다.[5] 그렇더라도, 아렌트의 글에서 이제까지 간과되어 온 몇 가지 점들을 생각할 때, 이 말에 지나친 강조점을 두는 것은 조심해야 한다. 이 장에서 나는 특히 두 가지에 주목하고자 한다. 하나는 아렌트가 인권을 생명관리정치적(biopolitical) 판타지라고 비판했다는 점이고, 다른 하나는 아렌트가 '권리들을 가질 권리'를 누가 권리의 주체에 해당되느냐에 대한 기성의 가정들에 비판적으로 도전할 수 있는 자원으로서 제시하고 있다는 점이다. 이 두 가지를 고려하면, '권리들을 가질 권리'라는 표현에 주어를 넣지 않은 것이 뜻밖의 중요성을 갖게 된다. 인간 종 안에서만 권리의 주체를 논할 수 있다는 가정('인권'이라는 표현에서 너무나 잘 드러나는 가정)을 반복하는 것에 대한 우려를 나타내는 신호로 볼 수 있는 것이다. 그렇다면, '권리들을 가질 권리'는 그저 인권에 대한 또 다른 표현이 아니라, 정치의 주체는 누구인가라는 질문을 뒤흔들면서 민주적 정치 공동체의 가장 정의로운 형태에 대해 처음부터 다시 생각해 보게끔 하는 도구가 된다.

인권, 생명관리정치적 판타지

'권리들을 가질 권리'라는 구절이 아렌트가 (아렌트 자신의 표현으로) "인간의 권리가 갖는 난제들"을 비판적으로 설명하는 과정에서 생겨났다는 데는 모두가 동의한다. 하지만 그 설명이 정말로 얼마나 비판적이었는지는 제대로 이해되고 있지 못하다. 아렌트가 비판한 주요 대상은 권리의 주체라는 지위가 인간 본성에서 직접적으로 나온다는 대담한 가정이었다. 이 가정은 인권을 "인간이라는 이유만으로 갖는 권리"라고 보는 일반적인 정의에서 잘 드러난다.[6] 하지만 아렌트는 인권에 대한 주요 선언문이 사용하고 있는 자연주의적 언어에서도 이것이 명백하게 드러난다고 보았다.[7] 프랑스혁명 초기에 나온 1789년의 '인간과 시민의 권리 선언'은 1조에서 "모든 인간은 자유롭게, 그리고 평등한 권리를 누리도록 태어나고 또 그러한 상태로 살아간다"고 천명했다.[8] 하지만 아렌트는, 인간으로 태어나는 것이 인권을 갖기 위해 필요한 유일한 조건이라고 말하는 것은 인권이 "인간의 본성 자체에 주어져 있거나 본성에서 도출될 수 있거나 본성에서 직접적으로 솟아나는" 것이라고 이야기하는 것과 같다고 지적했다.[9] 다른 말로, 인권을 천부적, 생득적 권리라고 보는 것은 권리 주체라는 지위가 행동(언어적 행동도 포함해서)의 산물이 아니라 호모 사피엔스 종에 속하는 모든 개체 안에 원래부터 내재되어 있다고 보는 것이다. 앞에서 데구이어와 맥스웰도 지적했듯이, 여기에서 권리는 자연적인 것이 된다. 바로 이 논리에서, "나도 인간 종에 속한다"는 사실 관계 주장이 "나도 권리 주체로서의 지위를 갖는다"를 뜻하는 은유로 쓰일 수 있다. (가령, 1968년에 미국에서 흑인 민권 운동에 참가한 흑인들은 "나도 인간이다"라는 구호가 쓰인 팻말을 들었다.)

하지만 아렌트는 인간 본성에 정치적인 가치가 내재되어 있다는 고고한 주장을 가차 없이 비판했다. 아렌트는 이것이 판타지라고 보았다. 설령 "인간 본성"이라는 것이 정말로 존재하고 그것을 우리가 알 수 있다 해도(둘 다에 대해 아렌트는 몹시 회의적이었다)[10] 인간 본성 자체가 인간을 권리의 주체로 변모시켜 줄 수는 없다는 것이었다. "단순한 존재"의 모든 특성이 그렇듯이, 인간 종의 일원이라는 것 자체에는 정치적인 의미가 내재되어 있지 않다.[11] 권리의 주체라는 지위는 인간 본성에서 저절로 생기는 것이 아니라 제도가 만들어 내는 산물이다. 따라서 그 속성상 "관습"이고 "인위적"이며,[12] "정의의 원칙을 따르는 인간의 조직과 공동체에서 생길 수 있는 결과다."[13] 아렌트는 인권의 기본 가정을 가차 없이 부정하면서,

"우리는 동등하게 태어나는 것이 아니라 우리 자신에게 상호적으로 동등한 권리를 보장하기로 결정한 것에 의해서 집단의 성원으로서 동등해지는 것"이라고 주장했다.[14] 요컨대, 인권은 인간 본성이 그 자체만으로는 누가 권리의 담지자인지를 결정해 주지 않는다는 사실을 회피하고자 하는 열망에 입각한 개념이다.

그런데 아렌트는 인간이 내재적으로 정치적인 가치를 소유한다는 개념이 판타지라는 점에서만 비판을 제기한 것이 아니었다. 아렌트는 이것이 새로운 판타지가 아니며 우리가 이미 그 위험성을 알고 있는 판타지라고 말했다. 인권 개념이 바로 인종주의가 가지고 있던 생명관리정치적 논리를 담고 있다는 것이었다.

『전체주의의 기원』에서 아렌트는 '권리들을 가질 권리'라는 구절을 언급하기에 앞서(이 구절은 9장에 나온다) 6~8장에서 19세기와 20세기에 아프리카와 유럽 대륙에서 유럽 제국주의의 확장을 정당화하는 이데올로기적 무기로 인종주의가 어떻게 작동했는지를 상세히 설명했다. 아렌트는 인종주의에 두 가지의 더 오래된 "인종적 사고"가 결합되어 있다고 보았다. 하나는 인간이 인종 집단들로 구분될 수 있다는 것인데, 각 집단은 거기에 속한 사람들이 동일한 언어를 사용하거나 동일한 정치적 프로젝트에 참여함으로써가 아니라 동일한 신체적, 생물학적 특질을 갖는다는 점에 의해 구분된다는 개념이다.[15] 다른 하나는 이러저러한 자연적 체질을 소유한 사람은 그 자연적 특질에 의해 그에 맞는 사회적, 정치적 지위도 내재적으로 소유하게 된다는 개념이다.[16] 아렌트는 "민족, 인종 집단들을 유기적이고 자연적인 속성으로 규정하는 것"에 "자연적 특권" 혹은 "내재적인 개인성"에 대한 믿음이 결합되어 생기는 인종주의 이데올로기는 다양한 정치 의제에 유용한 도구가 될 수 있다고 언급했다.[17] 가장 명백하게는, 세계 인구의 다수를 소위 "열등한 인종"으로 만들어 버릴 수 있는데, 이러한 변형은 "[그들의] 본성 자체를 직접적으로 가치 절하하기 위한" 것이다.[18] 하지만 아렌트는 인종주의가 포용적인 기능도 한다는 점을 지적했다. 제한적으로나마, 전에는 귀족에게만 허용됐던 특권의 느낌을 소위 '우월한 인종'이라는 것을 산출하기 위해 (그 집단에 속하는—옮긴이) 모든 계급에 확대하려 한다는 것이다. 이를테면, 영국과 독일 모두에서 인종적 사고는 "귀족 수준의 혜택을 모든 계급으로 확장하고자 하는 열망에서 태어났다."[19] 물론 귀족 태생이라는 자부심은 대개 실제의 정치적인 특권에 의해 뒷받침되지만 우월한 인종이라는 인종적 자부심은 정치적으로 주변화된 사람들이 느끼는 경우가 많다. 그렇더라도 인종주의는 "정치적인 현실은 그 믿음을 부인한다 해도 사람들이 자연 자체가 특권과 지위를 제공한다고 믿게 만드는" 것에 도박을 걸었다.[20] 정치적인 판타지로서 인종 개념이 사람들에게 크게 설득력을 가질 수 있었던 것은, 인종 개념이 본질적으로 허구임을 가리고 인종적 우등성과 열등성이 마치 자연적인 사실인 것처럼 보이게 하는 데 사용된 교묘한 속임수들 덕분이었다. 일단 정치적 위계에서 개인이 차지하는 위치가 태생에 따른 것으로서 경험되고 나면, 그것의 기원은 "인간의 행동으로 다시 추적되지 않는다."[21]

그런데 이것이 인권과는 어떤 관련이 있을까?

아렌트의 인권 비판과 아렌트가 설명한 인종주의의 계보를 함께 살펴보면 한 가지 중요한 면에서 인권이 인종주의와 매우 비슷하다는 사실이 드러난다. 아렌트 본인도 (『전체주의의 기원』 9장에서) 인종에 기반한 노예제의 희생자들을 그러한 여건으로 몰아넣은 교묘한 속임수에 대해 묘사하면서 이 점을 설명한 바 있다.

인류에 대한 노예제의 범죄는 한 집단이 다른 집단을 정복해 노예로 삼은 데서 시작되지 않았다. 물론 이것도 충분히 나쁘지만,

진짜 범죄는 노예제가 하나의 제도가 되어서 어떤 인간은 자유롭게 '태어나고' 어떤 인간은 노예로 '태어나게' 되었을 때, 동료 인간의 자유를 애초에 박탈한 것이 인간이었음을 잊게 되었을 때, 그리고 이 범죄를 자연의 탓으로 돌리며 승인했을 때 시작되었다.[22]

여기에서 아렌트가 사용한 표현에 주목할 필요가 있다. 노예제에서조차 어떤 인간은 자유롭게 태어난다고 말함으로써, 아렌트는 프랑스 인권선언의 핵심 어구인 "자유롭게 태어난다"는 표현을 사용했다. 여기에 암시된 것은, 인권과 인종주의 모두 자연적으로 구분되는 특정 집단으로 태어나는 것 자체가 해당 개인이 권리 주체로서의 지위를 가질 것이냐 아니냐를 결정한다고 본다는 점이다. 여기에서 그런 암시를 알아보기가 너무 어렵다면, 독일어판 『전체주의의 기원』에서 이 단락 뒤에 덧붙은 두 문장을 보면 더 분명하게 알 수 있다.

인권의 공식이 자유를 '타고난 권리'라고 말하는 것은 단지 이 이론의 최근판일 뿐이다. 타고난 자유는 모든 인간, 심지어 노예에게로도 확장되어, 이제 우리는 자유와 비자유가 인간 행동의 산물이고 '자연'하고는 아무 상관이 없다는 사실을 잊었다.[23]

인권 옹호자와 인종주의 옹호자가 의견의 일치를 보는 대목이 하나 있다면, 그들의 입장이 정반대라는 점일 것이다. 전자는 모든 인간이 권리 면에서 평등하다고 주장하고 후자는 그것을 부인한다. 이 대립은 유엔 교육과학문화기구[유네스코(UNESCO)]에서 1950년에서 1967년 사이에 발표한 네 개의 문서에 특히 두드러지게 나타난다. 이 문서들은 2차 대전 동안과 그 후에 각국 정부들이 인종주의적 정치를 명시적으로 정당화할 때 사용했던 인간 종 모델을 반박하기 위해 인간 종에 대한 새로운 설명을 제시하고자 했다. 하지만 아렌트의 논의에 비추어 보면, 인권을 뒷받침하는 인간 종 모델이 인종주의적인 인간 종 모델을 몰아내긴 했어도 생물학적 본성이 정치 공동체의 토대를 제공한다는 가정은 여전히 남아 있음을 알 수 있다. 인종주의의 가정에서 인권 개념과 상충하지 않는 것이 하나 있다면, 개인의 본성이 직접적으로 그들의 정치적 지위를 나타낼 수 있다는 가정일 것이다. 물론 인권 개념은 개인이 인종적 태생에 의해 권리를 갖는다고 본 인종주의의 개념을 인간 종[희한하게도 영어에서 '인간 종(human species)'은 '인간 인종(human race)'이라고도 불린다]으로서의 태생에 의해 권리들을 갖는다는 개념으로 크게 확장했다. 하지만 정치적 지위가 인간의 본성에서 직접적으로 결정된다고 본 점은 인종주의와 마찬가지다.[24] 인권 개념과 인종주의 사이의 날카로운 대립은 누가 권리 주체로서 합당한지 여부를 자연(본성—옮긴이)이 결정한다는 점에 이미 동의한 상태에서 생겨나는 결과라고도 말할 수 있을 것이다.[25]

아렌트는 미셸 푸코(Michel Foucault)가 생물학적인 삶을 대상이자 목적으로 삼는 종류의 권력을 설명하기 위해 '생명관리정치(biopolitics)'라는 개념을 제시한 해에 숨졌지만, 생명관리정치를 (그 용어가 나오기도 전에) 선구적으로 논한 이론가로 오늘날 재평가되고 있다.[26] 대체로는 아렌트가 생물학적인 삶이 현대 사회에서 (정치적인 삶을 잠식하고—옮긴이) 점점 더 지배적인 위치를 차지하게 된 것을 우려했다는 점에서 이런 평가를 받는다.[27] 그런데 인권 개념과 인종주의가 기저에서는 동일한 논리를 갖는다는 통찰을 제시했다는 점에서도 그렇게 평가할 수 있다. 인종주의와 인권 모두에서 그 논리가 생명관리정치적이기 때문이다.

아렌트의 생명관리정치적 인종 모델에 대해, 인종주의는 현실에서 막대하게 파괴적인 권력을 촉발했지만 인권은 대부분의 사람들에게 여전히 열망의 수준으로 남아 있다는 점을 간과하고 있지 않느냐는 비판이 나올 수도 있을 것이다. 아렌트 본인도 인종주의가 정치에서 얼마나 중요한 역할을 했는지, 또 인권의 추구가 정치적 폭력을 근절하는 데 얼마나 미약했는지를 언급하지 않았던가?

하지만 이러한 비판은 다음 두 가지를 생각해 보면 반박된다. 우선, 실제로 모든 인간에게 인권을 보장하는 데 실패했다는 것은 인권이 인종주의와 다르다는 사실이 아니라 유사하다는 사실을 보여 준다. 아렌트도 강조했듯이, 인종주의는 우월한 인종에 속하는 모든 이에게 계급에 상관없이 특권을 확장한다는 점에서 포용적인 이데올로기다. 하지만 이 환상적인 열망과는 반대로, 인종주의는 '인종적으로 백인'이라는 것만으로 모든 백인을 정치적 특권을 갖는 지위에 마법처럼 올려놓을 수 없다. 아렌트는 (『전체주의의 기원』 7장에서) 19세기 남아프리카에서 보어인(네덜란드계 백인—옮긴이)이 토착 아프리카인의 인종적 열등함을 드러내는 징표라고 간주되던 '자연의 일부처럼 보이는 특질'을 자신도 모르는 사이에 그들 또한 체화하게 되었음을 신랄하게 지적하며 이 점을 분명히 드러냈다.[28] (아렌트는 『전체주의의 기원』 7장에서 보어인들이 "자신이 창출한 서구 문명 세계에 속해 살면서 느끼는 종류의 자긍심에서 완전히 괴리된 채 살게 된 최초의 유럽인이었다"고 설명했다. 그들은 아프리카에서 원주민의 삶을 처음 접하고서 "마치 야생 동물처럼 명백히 자연의 일부로 보이는 인간 존재"에 공포를 느꼈으나, 그들 역시 원주민이 가공되지 않은 천연 상태의 자연을 취하며 살아가듯이 원주민을 자연 자원인 양 취하며 살아갔다. 아렌트는, 그럼으로써 백인인 보어인들의 삶의 양태가 인종주의가 상정하듯 '백인 인종'에 내재된 문명적 우월성에 바탕을 둔 것이 아니라 사실상 흑인인 원주민들의 삶의 양태와 다르지 않게 되었다고 설명했다―옮긴이.)

아렌트는 이와 비슷한 논리상의 교착이 인권의 논리 구조에도 존재한다고 보았다. 인간을 자연적인 본성에 의해 권리의 주체가 되는 존재로서 상정하려 한 바로 그 시도가, 모르는 사이에 사람들에게서 정치 공동체에의 성원권을 부인해 버리는 쪽으로 귀결될 수 있는 것이다. 정치적 성원권이야말로 권리의 주체가 되기 위한 핵심 조건인데 말이다. 조르조 아감벤이 '벌거벗은 생명' 개념을 제시했을 때 짚어 낸 것도 바로 이러한 교착이었다. 아렌트의 분석을 토대로 아감벤은 출생 때 드러나는 인간 생명은 (인권 논리에 따르면) 시민권과 별도로 인권의 독립적인 원천이어야 마땅하지만 "정치에서 배제되는 한에서만 정치에 포함되는 사람들"에게 그것은 사실상 "벌거벗은 생명"이라고 말했다.[29] 그렇다면 아렌트의 인권 모델은 인권이 반박 불가능한 사실이 아니라는 아렌트의 주장과 완벽하게 부합한다. (사실 그 주장의 일부라고 볼 수 있다.) 아렌트의 생명관리정치적 인권론은 개인의 정치적 가치가 생물학적 특질들에 내재되어 있다고 보는 허구의 실천적인 무능함에 주목하게 만든다.

둘째, 이보다 더 중요한 점은 인권이 인종주의와 마찬가지로 누가 권리 주체가 될 수 있는가에 대해 임의적으로 선을 긋는다는 것이다. 인종주의가 배타적인 이데올로기라는 것은 모두 인정할 것이다. 인종주의는 소위 '우월한 인종'에 속한 모든 사람에게 권리를 보장해 주는 데는 실패했는지 몰라도 백인으로 태어나지 않은 사람들의 삶과 생명을 뿌리까지가치 절하하는 데는 매우 성공적이었다. 그러나 인권도 배타적인 이데올로기의 측면을 가진다는 점은 분명히 알아보기가어렵다. 사실 인종주의에 비해 인권 개념은 포용적인 모델로보인다. 권리 주체로서의 지위를 하나의 인종이 아니라 인간종에 속하는 모든 사람에게 예외 없이 부여하는 모델이기 때문이다. 그럼에도, **모든** 인간이 "평등한 권리를 누리도록 태어난다"는 것이 **인간만이** 그렇게 태어난다는 말과 동일하다는것을 깨닫는 순간 인권 개념이 기반하고 있는 암묵적인 배제가 드러난다. 인종주의가 소위 열등한 인종으로 태어난 모든사람을 권리 주체의 자격에서 절대적으로 배제했듯이, 인권이데올로기는 비인간 종으로 태어난 모두를 절대적으로 배제한다. '인간이라는 것'이 권리 주체를 표현하는 은유로 쓰일수 있는 프레임에서는 '인간이 아니라는 것'이 아렌트가 말한

"근본적인 무권리 상태"를 표현하는 은유로 당연하게 쓰일 수 있게 된다.[30] 아감벤이 지적했듯이, 인권이 인간과 권리를 연결하는 데는 실패했는지 모르지만 동물과 권리를 연결하는 것은 시도조차 하지 않았다. 인종주의자들이 '열등한 종'을 만들어 내는 데 맹렬히 집착하는 것과 달리, 인권 옹호자들은 비인간 동물이 자연적으로 권리 주체가 되기에 부적합하다고 주장하는 데 거의 노력을 들이지 않는다.[31] 하지만 여기에서 동물의 무권리성이 ('논증'되지 않은 것은 물론이고) '주장'되지 않고 '가정'되어 있다는 사실은, 인권 옹호자들이 권리 주체의 영역에 포함시켜야 할 대상은 자명하게도 더 이상 남아 있지 않다고 너무나 확신하고 있음을 보여 준다. 동물을 권리 주체에서 배제한 것(인권 담론은 여기에 입각해 있다)이 너무나 깊이 뿌리박혀 있어서 그 배제를 이야기하는 것 자체가 배제되고 있는 것이다. 우리는 정의로움을 누릴 가능성에서 동물을 배제할 수 있고, 이 배제를 일으킨 것이 자연이 아니라 우리임을 잊을 수 있다.

아렌트의 생명관리정치적 인권 분석에서 내가 끌어내고자 하는 주된 교훈은, 인간 종의 일원이라는 것이 권리들을 가질 권리의 주체가 누구인지 결정하는 근거가 되지 못한다는 점이다. 아렌트가 "인간이라는 것 자체가 인권을 부여한다"는 개념을 생명관리정치적 판타지라고 비판하고서는 곧바로 방향을 돌려 "인간이라는 것 자체가 권리들을 가질 권리의 기원"이라고 상정했다는 것은 앞뒤가 맞지 않는다. 사실 아렌트는 "권리들을 가질 권리가 인간 본성에 내재해 있다고 볼 수 없다"고 꽤 명시적으로 주장했다. 아렌트는 이 권리가 "인간의 타고난 존엄에 결코 의존하지 않으며" 인간의 타고난 존엄이란 "존재하지 않을 뿐 아니라 인류가 긴 역사에서 발명한 신화 중 가장 오만한 신화일 것"이라고 말했다.[32] '권리들을 가질 권리'의 주체냐 아니냐를 인간 본성이 결정하지 않는다는 통찰은 매우 중요하다. 아렌트를 해석하는 일반적인 방식, 즉 인간은 인간이라는 사실 자체에 의해 '권리들을 가질 권리'를 갖는다는 가정과 배치될 뿐 아니라 그 가정이 인종주의가 가진 본질적인 오만함을 동일하게 가지고 있다는 점을 드러내기 때문이다.

그럼에도, 인권을 생명관리정치의 형태로 본 아렌트의 분석이 우리에게 충분한 답을 주지는 않는다. 이것은 '권리들을 가질 권리'의 주체가 누구인지에 대해 아직 답하지 않았다. '인간이라는 것'이 충분조건이 아니라면, 아렌트가 이것을 필요조건으로는 보았는지도 설명해야 한다. '권리들을 가질 권리'는 우리가 이 권리의 담지자를 인간 종 외부에서도 찾아보도록 독려하는가? 이를 고찰하려면, 아렌트의 인권 비판에서 눈을 돌려 '권리들을 가질 권리'에 대한 아렌트의 논의 자체를 살펴볼 필요가 있다.

권리 없는 사람들의 권리

권리의 긴 역사에서 '권리들을 가질 권리'는 진정한 혁신을 나타낸다. 여기에서 새로운 점이 무엇인지를 알 수 있는 한 가지 방법은 이 권리를 이것과 종종 혼동되곤 하는 두 개의 더 전통적인 권리와 비교해 보는 것이다. 하나는 인권이고 다른 하나는 시민권이다. 앞에서 언급한 일반적인 정의를 다시 말하자면, 인권은 인간 종에 속한다는 이유만으로 인간에게 부여되는 권리다. 그리고 아렌트는 인간 본성에 권리가 내재한다는 이 개념을 비판했다. 프랑스혁명에 대한 비판으로 유명한 에드먼드 버크도 이와 유사한 비판을 제기한 바 있다. 이미 18세기에 버크는 "이론적인 추상"에 불과하다며 인권(당시에는 "인간의 권리"라고 불렸다) 개념을 기각했다. 그는 "인간의 권리"보다 "영국인의 권리"를 주장했으며, 이것은 인간 전체가 아니라 "이 왕국에 속한 사람들에게 부여되는 자산"이라고 설명했다.[33] 아렌트는 버크가 "권리들은 정치 공동체 안에서만 실현되며 동료 인간들이 암묵적으로 서로의 성원권을 보장해 주는 데 달려 있다"는 통찰을 제공했다고 보았다.[34] 이런 이유에서, 아렌트는 시민권을 인권보다 우위에 놓아야 한다는 버크의 주장이 "현실적으로 타당하다"고 평가했다.[35]

하지만 아렌트는 버크의 분석에 커다란 한계가 하나 있다고 지적했다. 그가 정치 공동체의 성원이 될 만한 사람은 이미 모두 다 성원이 되어 있다고 보았다는 것이다. 즉 버크는 무슨 이유로든 공동체 성원인 적이 없거나 성원이었다가 그 지위를 상실한 사람들을 고려하지 않았다. 아렌트는 바로 이 지점에서 '권리들을 가질 권리'라는 개념을 제시한다. 이 권리는 여러 가지 시민적, 정치적, 사회적 권리들 중 하나가 아니다. 그런 권리들은 이미 정치 공동체의 성원인 사람들이 누리는 것이고, '권리들을 가질 권리'는 어떤 정치 공동체에도 속하지 않은 사람들의 '소속될 권리'다. 그런데 이 권리를 정치체의 성원이 되지 않은 채로도 누릴 수 있다는 말은 아니다. '권리들을 가질 권리'가 이 권리의 담지자에게 주는 것은 정치체에 접근할 권리다. 그다음에 그 정치체 안에서 이들은 잠재적으로 시민권, 정치권, 사회권 등에 접근할 수 있다. 하지만 '권리들을 가질 권리'를 갖는다고 해서 **이런저런 특정한 권리들**이

자동적으로 나오는 것은 아니다. 아렌트에 따르면, "어떤 종류의 인간 공동체에 속해 있는 한" 노예도 권리들을 가질 권리를 누린다고 말할 수 있다.[36] 이 언명에 우리가 동의하든 안 하든, 구성원이 구체적으로 어떤 권리들을 갖는지는 해당 정치체가 결정한다는 사실에는 변함이 없다. "[권리들을 가질 권리의 소유가] 그 자체로 자유나 정의를 획득하게 해 주지는 않는다. 이런 것들은 모든 시민이 일상적으로 얻기 위해 노력하는 주 관심사다. 이 권리는 그러한 노력에 참여할 수 있다는 것을 보장할 뿐이다."[37] 그럼에도 정치 공동체에 속할 권리가 여전히 중요한 이유는, 그것이 정치체의 성원이 아닌 사람이 직면하는 곤경을 제대로 다룰 수 있는 유일한 권리이기 때문이다. 또한 이 개념은 자연이 구체적인 권리들을 생득적으로 제공한다는 가정도 하지 않지만 공동체에 속할 권리가 공동체에 이미 속해 있는 사람들에게만 배타적으로 해당된다고 보지도 않는다. '권리들을 가질 권리'는 정치 공동체의 성원 자격에 접근하기 위한 권리이고, 거기에서부터 구체적인 권리들을 추구해 나갈 수 있는 위치에 개인들이 접근할 수 있게 해 주는 유일한 권리다. 이것은 여러 가지 시민의 권리 중 하나가 아니며, 그렇다고 정치 제도와 상관없이 가질 수 있는 권리도 아니다. 그렇다면, 이 권리는 정치 공동체의 일원이 아닌 사람들이, 그 안에서 다른 권리들을 추구해 나갈 수 있을, 그런 공동체의 성원이 되기 위한 권리라고 할 수 있다.

권리 없는 사람들이 처하는 상황을 더 면밀하게 살펴보면 이들의 상황을 언급하기 위해 고안된 이 구절의 중요성을 더 잘 알 수 있다. 물론 많은 사람들이 이런저런 권리들의 심각한 박탈을 겪는다. 『전체주의의 기원』을 쓰게 된 배경이었던 전간기 유럽에서 아렌트는 많은 사람들이 권리를 잃는 것을 목격했다. "재산을 잃은 중산층, 실업자, 소규모 이자 소득자, 연금 소득자 등 이런저런 사건으로 사회적 지위를 박탈당하고, 일할 수 있는 가능성을 잃고, 재산을 소유할 권리가 없어진" 사람들 말이다.[38] 하지만 이들 대부분은 구체적인 정치 공동체의 성원이었다. 이 점은 매우 중요하다. 이 성원권 덕분에 그들이 겪은 권리 상실은 특정하고 구체적인 시민적, 정치적, 사회적 권리들로만 제한되었다. 아렌트는 이 점을 다음과 같이 분명하게 지적했다. "전쟁 중에 군인은 생명권을 잃고, 범죄자는 자유권을 잃고, 긴급 시기에 모든 시민은 행복 추구권을 잃는다. 하지만 그런 권리들을 잃은 시민이 절대적인 무권리 상태에 처하게 되는 것은 아니다."[39] 정치 공동체의 성원들도 권리들을 상실할 수 있지만 그래도 다른 권리들은 유지한다. 또 정책, 법원, 입법 기구 등을 통해 권리 상실에 대해 이의 제기할 수 있다. 물론 그렇다고 이들이 권리를 상실해서 겪는 불의나 고통이 줄어든다는 말은 아니다. 그렇긴 하지만, 어쨌든 공동체의 성원은 하나의 권리 혹은 몇 개의 권리를 잃어도 다른 권리들은 계속 보유한다.[40]

아렌트는 이보다 더 근본적인 문제는 공동체 성원권이 위태로워진 사람들이 겪는 권리 상실이라고 주장했다. 권리(어떤 권리이든 간에)를 갖는 데 필요한 지위 자체를 상실했기 때문이다. 이들을 "권리 없는 사람들(die Rechtlosen)"이라고 부르면서,[41] 아렌트는 이들이 처한 곤경을 다음과 같이 설명했다. "더 이상 어느 정치 공동체에도 속하지 않는 사람들을 두고 그들이 생명, 자유, 행복 추구의 권리를 박탈당했다고 말하는 것은 적절하지 않다. 이것들은 주어진 공동체 **안에서** 문제를 해결하기 위해 고안된 공식"이기 때문이다.[42] 정치 공동체에서 축출당한 사람들은 권리 주체로서의 지위 자체를 박탈당했다고 봐야 더 정확하다. 그들은 단지 "법 앞에서 불평등"한 것이 아니라 "법의 경계 밖으로 내몰려졌다."[43] 그들은 시민들이 일반적으로 누리는 "구체적이고 특정한 권리들"을 잃은 것이 아니라 "**모든** 권리"를 잃었다.[44] 그들의 상황은 단지 권리들의 상실이 아니라 "근본적"이고 "절대적"이고 "완전한" 무권리 상태다.[45] 요컨대, 그들은 권리 주체로서의 지위 자체를 잃었다.

권리 주체로서의 지위를 잃는다는 것이 어떤 모습인지에 대해 아렌트는 '권리들을 가질 권리'라는 구절을 처음으로 제시한 논문에서 다음과 같이 강렬하게 묘사했다. "[공동체에서 특정한 사람들을 완전하게 축출하는 것은] 살인자들에게 지속적인 유혹이다. 혹은 우리의 양심에 지속적인 위협이다. 살인자들처럼 우리는 누군가가 살해당했다는 것 자체를 아예 인식하지 못하고 있을지도 모른다. 모든 실질적인 면에서 그들은 존재하지 않았기 때문이다."[46] 정치 공동체로부터 축출되는 것이 일으키는 위험을 설명한 단락치고는 도발적이고 눈살 찌푸려지게 하기까지 한다. 그러한 축출이 (축출당한 사람들에게 전혀 즐거운 일이 아니라는 것은 논외로 하더라도) 축출당한 사람들을 살해하고 있는 것에 대해 다른 이들이 죄책감을 느끼지 않도록 만든다고 말하고 있으니 말이다. 물론 이 시나리오에서 살인자는 누군가가 죽임을 당한다는 것을 분명 알고 있을 것이다. 다만 그 누군가가 생명권을 가진 존재라는 생각을 하지 못하고 있을 것이고, 따라서 자신의 행동이 살인이라고 생각하지 않을 것이다.[47] 더 일반적으로 말해서, 사람들은 권리 없는 사람들을 마주쳐도 그들이 권리 침해의 피해자라고 생각하지 않을 것이다. 애초에 침해될 권리가 없는 사람들이었으니 말이다.[48] "역사에서 박해받는 사람들이 그랬듯이 더 이상 이들은 우리가 책임을 느껴야 할 존재나 부끄러움의 이미지가 아니게 되고,"[49] 따라서 우리는 그들의 고통을 알더라도 어렵지 않게 자존감을 계속 유지하며 살아갈 수 있다.[50] 우리가 그럴 수 있는 것은 냉혈한이어서가 아니라 그들이 공동체에 속해 있지 않다는 조건이 우리 양심에 미치는 효과 때문이다. 공동체의 성원들은 어떤 현상학적 폭력의 피해자가 될 수 있고 그 경우에 피해자로 여겨진다. 하지만 권리 없는 사람들은 나머지 구성원들에게 현실에서 그냥 삭제된다.[51]

권리 없는 사람들이 다른 이들에게는 아예 보이지 않는다는 점은 그들이 권리들을 가질 권리를 주장하는 것을 특히나 어렵게 만든다. 어느 면에서 모든 권리 주장은 어렵다. 아렌트가 인권 개념을 비판하면서 강조했듯이, 권리는 개인이 보유하는 것이지만 권리의 형성은 관계적이기도 하기 때문이다. 개인이 하나의 권리라도 가질 수 있으려면 다른 이들이 정치 공동체로 조직되어 그것을 인정하고 존중하고 강제해 주어야 한다.[52] 그렇다면, 공동체 성원권의 경우에도 개인이 자신에게 성원권이 있음을 믿는 것만으로는 충분하지 않고 그의 성원권에 대한 주장을 그가 염두에 두고 있는 공동체 또한 믿어야 한다. 이미 공동체의 성원인 사람이 특정한 시민적, 정치적, 사회적 권리를 주장할 때는 권리 주체로 인정된 상태에서 그렇게 하는 것이다. 이와 달리, 성원권을 배제당한 사람이 성원권을 주장할 때는 그가 권리들을 가질 역량이 있느냐 자체가 (당연히 있다고 여겨지는 것이 아니라) 쟁점이 된다. 기존의 정치 공동체가 보기에 이들은 권리의 주체가 아니기 때문이다. 따라서 이러한 지위에 있는 사람들이 권리들을 가질 권리를 주장할 때, 그들의 주장은 위태로울 수밖에 없다. 사실 해당 공동체의 입장에서 그런 주장은 가시적인 영역 밖이고 정치적 레이더 밖이다. 그들에게는 당황스럽고 도무지 이해할 수 없는 주장일 것이다. 그도 그럴 것이, 성원권이 권리들을 가질 수 있는 가능성의 조건이라면, 성원이 아닌 사람들이 어떻게 성원이 될 권리를 주장할 수 있겠는가? 이 함정은 피해 갈 수 있는 방법이 없다. 권리 없는 사람들이 권리들을 가질 권리를 주장하고자 할 때, 그 주장은 그들이 권리의 주체가 아닌 맥락에서 표현되어야 하기 때문이다.

많은 학자들은 아렌트가 권리 없는 사람들이 권리를 주장하는 것을 그저 막대하게 어려운 정도가 아니라 극복이 불가능할 정도로 어려운 문제로 제시했다고 해석했다. 이를테면, 2004년에 널리 알려진 에세이 「인간의 권리의 주체는 누구인가(Who is the Subject of the Rights of Man?)」에서 자크 랑시에르는, 아렌트의 논의에 따르자면 근본적인 무권리 상태는 정치의 용어로 설명하거나 논쟁하는 것이 불가능해져 버린다고 주장했다. 랑시에르는 아렌트가 공적 영역인 정치와 자연적인 삶의 영역인 사적 영역을 너무 견고하게 대립시킨 것이 문제라고 보았다. 여기에서 권리 없는 사람들은 사적 영역에 버려진다. 랑시에르에 따르면 이 대립은 성원권이 없는 상황을 덫이나 감옥이 되게 만들며 아렌트는 여기에서 탈출구를 제공할 수 없다. 그는 아렌트의 논의에서 권리 없는 사람들에게 상정될 수 있는 유일한 권리는 "아무 권리도 가지지 않은 사람의 권리이며 이것은 권리에 대한 조롱에 불과하다"고 지적했다.[53]

그러나 랑시에르의 글이 나오기 몇 년 전에 보니 호니그가 아렌트에 대한 뛰어난 해석에서 이미 랑시에르의 주장을 논파했다. 호니그에 따르면, 아렌트가 공적 영역과 사적 영역의 구분을 유지해야 한다고 강하게 주장한 것은 맞지만, 아렌트는 특정한 개인들을 사적 영역, 즉 자연적인 생명의 영역에만 가두도록 하는 가정들이 언제나 정치적인 반론에 열려 있다고 보았다. 여기에서 핵심은, 아렌트가 정치를 '수행적 행동'으로 이해하고 있다는 점이다. 따라서 우리는 공적 영역에서 사람들이 축출되는 것을 존재론적으로 주어진 것이 아니라 개인들의 행동과 사회의 제도가 응결되어 나타나는 효과라고 비판적으로 볼 수 있게 된다. 호니그가 언급했듯이, 무언가가 존재론적으로 주어진 것처럼 보인다면, 이는 정의의 가능성이라는 이름 아래 우리가 당연시하고 있는 가정들을 다시 뜯어보고 수정하고 반박해야 한다는 의미다. 핵심은 "모든 것이 **정치적이다**"가 아니라 "어느 것도 존재론적으로 정치화의 가능성으로부터 보호받고 있지 않다"이다. 즉 "필연적으로나 자연적으로나 존재론적으로 **정치적이지 않은** 것이란 없다."[54]

사적 영역과 공적 영역의 구분이 권리 없는 개인과 권리 주체의 구분과 대략 겹치므로, 호니그의 해석은 아렌트가 축출당한 사람들의 지위가 원칙적으로 언제나 정치적 논쟁의 대상이 될 수 있다고 보았음을 상기시켜 준다. 그러니 그러한 축출을 승인하는 가정들이 주어진 것이 아니라 인간 행동의 결과이며 반론과 변화에 대해 열려 있다고 생각해 보자. 여기에서 중요한 것은, '권리들을 가질 권리'라는 구절 자체가 정치체에서 성원을 배제하는 것에 대해 문제 제기할 때 사용할 수 있는 자원이 된다는 것이다. 이 구절이, 해당 공동체의 지배적인 가정에서 보면 아무 권리를 갖지 않은 사람들이 주장하는 하나의 권리를 부각하고 있으며, 그 권리란 그 안에서 다른 권리들을 찾아 나갈 수 있을 정치 공동체의 성원이 될 자격이기 때문이다. 권리들을 가질 권리에 대한 요구가 해당 정치 공동체에 존재하는 기존 제도들의 지원을 받을 수 있으리라는 보장은 없다. 오히려 정치 공동체의 지배적인 문화에 의해 적극적으로 불신임을 받게 될 것이다. 하지만 이것은 권리가 인정되지 않는 현재의 현실을 무릅쓰고 한층 더 적극적으로 권리들을 가질 권리를 주장해야 함을 강조할 뿐이다. 이런 면에서 '권리들을 가질 권리'는 그것을 정당화해 줄 법과 규범이 확립되기 이전에 주장되는 권리다.[55] 그와 동시에, 이 주장이 발휘하는 효과는 누가 해당 정치체의 합당한 성원이고 아닌가를 정하는 기존의 법과 규범에 문제를 제기하는 것이다. 이 주장은 우리가 완전하게 확립된 것처럼 보이는 법과 규범에 문제를 제기하도록 독려한다. 내가 보기에, '권리들을 가질 권리'의 핵심 특징은 정치 공동체들이 성원권을 합당하게 주장할 만한 모든 개인들을 정말로 다 포함하고 있는지 되물어 보게 한다는 데 있는 듯하다. 우리 공동체의 성원이 될 후보가 더 있지는 않을지, 그들을 가장 예기치 못한 곳에서 발견하게 되지는 않을지, 도무지 우리 공동체의 성원이 될 수 없어 보이는 대상에게서도 잠재적인 성원들을 찾을 수 있지는 않을지 등을 생각해 보게 만드는 것이다.[56] 간단히 말해서, 아렌트는 '권리들을 가질 권리'가 그것을 가지지 못한 사람들의 권리라고 봄으로써 정치체의 경계 너머로 쫓겨난 자들을 정치의 중심에 다시 불러온다.

아렌트에게 이 구절의 구심력이 가장 절실하게 필요한 사람들은 완전한 무권리 상태에 가장 깊숙이 처해 있는 난민들이었다. (거의 모든 아렌트 연구자들에게도 마찬가지였다.) 아렌트 본인도 포함해서 '대규모 난민'은 1차 대전 이후 유럽에서 처음 등장한 현상이었다. 갑자기 수백만 명의 시민이 일반적으로 시민이라면 누릴 수 있어야 할 권리들을 자신의 정부가 보장해 주리라고 믿을 수 없게 되었고, 그래서 살던 나라를 탈출해 다른 나라에서 은신처를 찾고자 했다. 많은 경우에 난민은 무국적자이기도 했다. 국적을 박탈하는 법이 유럽 대륙 전역에서 만들어지면서 시민권을 공식적으로 박탈당한 것이다.[57] 하지만 무국적자는 법적, 공식적 신분에 상관없이 난민의 상황에 내던져진 수많은 사람 중 가장 극단적인 사례일 뿐이다. 자신에게 권리(그게 무엇이건)를 보장해 줄 의지와 역량이 있는 정부를 잃고서, 이들은 '근본적인 무권리 상태'가 되었다. 난민이 권리 주체로서 인식되지 못한다는 것의 의미가 무엇인지는 독일에서 나치당원들이 유대인(난민 인구의 상당수를 차지했다)에게는 아무런 권리가 없다는 이데올로기적 가정 아래 벌였던 행동에서 잘 볼 수 있다. 하지만 난민의 무권리 상태는 그들이 처한 위험에 대해 아무것도 하지 않으려 하는 다른 나라들에 의해 한층 더 강화되었다. 그 결과, 난민이 처한 곤경에는 고국에서 축출당했다는 것뿐 아니라 다른 나라에서도 환영받지 못한다는 것까지 더해졌다. 아렌트의 말대로, 그들의 불운은 "고향의 상실"과 "다른 고향을 찾는 것의 불가능성" 두 가지 모두였다.[58]

오늘날 세계가 당시에 아렌트를 포함한 수백만 명을 집어삼켰던 것보다도 규모가 큰 난민 위기에 직면해 있다는 것을 생각하면, 국민국가들이 "공동 행위"를 통해 이러한 급진적 배제에 대해 효과적인 해법을 찾을 수 있으리라는 희망을 간직하기가 어려울지도 모른다. 하지만 적어도 그런 해법이 가능하도록 우리의 정치 공동체들을 대대적으로 변혁하고자 한다면, 그러한 노력이 포함해야 할 한 가지 요소를 '권리들을 가질 권리'라는 구절에서 발견할 수 있다. 사실, 아렌트가 이 표현을 만든 것은 이론적인 목적에서만이 아니라 그들의 배제를 가능케 했던 여건에 대해 관심을 불러일으키고 비판적으로 문제를 제기함으로써 난민들이 처한 상황에 개입하고자 한 적극적인 시도이기도 했다. 배제를 가능케 한 여건 중 핵심은, 국민국가들이 누가 영구 거주 자격이 있는 시민인지를 선택할 권리가 각국의 고유한 주권이라고 여기는 것이다.

이러한 개념은 "우리가 누구와 함께 살고 싶은지를 결정할 권리는 우리에게 있다"는 말에서 잘 드러난다.[59] 국가들이 이러한 권리가 절대적이라고 오만하게 주장하는 데 대한 아렌트의 선언은 일종의 '맞권리(counter-right)'를 제시한다. 비(非)시민이 정치 공동체에 성원이 될 권리를 요구하는 것이니 말이다. 국가들이 고유한 주권이라고 주장하는 '권리 주체가 누구인지를 결정할 권리'가 종종 국가를 구성하는 사람들은 인종적, 민족적으로 동질적이어야 한다고 주장하는 이데올로기의 맥락에서 행사된다는 것을 생각하면, '권리들을 가질 권리'를 주장하는 것은 한층 더 유의미해진다.[60] 권리들을 가질 권리는 시민권에 대한 기존의 가정들, 너무나 확고해 보여서 그것이 인간이 만든 제도이며 고쳐질 수 있다는 것을 우리가 잊어버린 그 가정들에 도전할 수 있게 해 준다. 그리고 권리 없는 사람들을 정치적으로 산출하는 것이 불가능하도록 새로운 정치 공동체를 일궈 난민을 비롯한 현재의 무권리자들을 다시 포함시킬 수 있도록, 우리는 아렌트가 제시한 구절을 자원 삼아 할 수 있는 모든 일을 다 해야 한다.

권리들을 가질 권리의 주체의 범위가 모든 인간을 예외 없이 포함하도록 확장되었다면, 이 구절이 가진 구심력은 이제 효과를 다한 것이 아니냐고 생각할 수도 있을 것이다. 하지만

'권리들을 가질 권리'라는 구절의 단호하게 포용적인 어조를 생각하면, 특히 아렌트가 인권 개념이 인종주의만큼이나 배제적인 이데올로기라고 비판한 것을 생각하면, 권리들을 가질 권리의 주체가 인간 종은 아니지만 지구상에 살고 있는 다른 생명에게로 확대될 수는 없는 것인지도 생각해 보게 된다. 실제로 정치 이론과 동물학 연구의 교차점에서 이에 대해 활발한 논의가 벌어지고 있으며 누가 '정치적 동물'에 해당하느냐에 대한 기존의 여러 가정들이 재사고되고 있다.[61] 이런 논의의 상당 부분이 동물들이 우리에게 도덕적 요구를 할 수 있는 동료 생명체라는 가정에서 비롯되었지만(이에 대해서는 이미 많은 주장이 나와 있어서 여기에서 내가 덧붙일 필요는 없을 것 같다), 그것의 초점은 도덕적인 질문이라기보다 정치적인 질문이다.[62] 적어도 몇몇 동물이라도 정치 공동체의 성원권을 얻어 정의로움을 추구할 수 있는 가능성을 합법적으로 주장할 수 있지 않을까? 이것은 권리들을 가질 권리의 주체가 인간이라는 널리 퍼진 가정에 대해 던지는 질문이다. 인간 아닌 생명체는 권리들을 가질 권리를 가질 수 없는가?

동물이 정치 공동체의 성원권을 주장할 수 있다는 개념이 황당한 소리로 들리리라는 것은 나도 안다. 그리고 아렌트는 본질적으로 인본주의자였으며 동물이 인간과 '동등'하다고 말한 것은 일종의 블랙 유머였다. 아렌트도 동물에게 권리를 주자는 제안에는 동의하기를 꺼릴 것이다.[63] 하지만 '근본적인 무권리 상태'에 처한 사람들의 상황이 정치 공동체에 속해 있는 사람들의 양심에 어떤 영향을 일으켰는지에 대한 아렌트의 설명을 상기한다면, 동물이 권리 주체가 될 수 있다는 개념에 우리가 보이는 불신과 무관심은 살아 있는 생명을 근본적인 무권리 상태로 몰아넣은 데 따른 현상적 결과일지 모른다. 우리가 동물이 정치적인 주장을 할 수 있다는 개념을 이해하지 못하고 그 개념을 꺼리는 것은 솔직한 것이기는 하지만, 인종주의를 비롯한 모든 생명관리정치적 판타지가 육성하는 '무권리 상태에 대한 무관심'의 발로일 수도 있다. 적어도, 우리가 '권리들을 가질 권리'라는 구절의 구심력이 호모 사피엔스의 경계에서 멈춘다고 주장하려면, 그 주장을 입증해야 할 책임은 우리에게 있다. 권리들을 가질 권리에 접근할 수 있는 개인들의 범위를 (인종주의가 그랬듯이) 임의적으로 설정하면서도 그에 대해 죄책감을 가지지 않아도 되는 이유를 우리가 입증해야 하는 것이다. 권리들을 가질 권리가 정치 공동체에 속하지 않은 자에게 있다는 말은 그것이 인간에게만 있다는 것과 같은 말이 아니기 때문이다. 그리고 권리들을 가질 권리의 주체로 동물을 인정하자는 주장을 우리가 꺼린다는 것이야말로, 우리가 직면한 주장이 난민 등 권리 주체에서 배제되었던 사람들이 주장해 왔던 것과 동일한 주장임을 보여 주는 증거다. 그 주장에 꼭 동의해야 하는 근거까지는 되지 않는다 해도 말이다.

많은 동물들이 근본적인 무권리 상태를 전형적으로 보여 준다는 주장도 가능하다. 아렌트 자신은 이 이슈를 명시적으로 다루지 않았다. 하지만 정치 공동체로부터 축출된 사람들의 경험을 설명하기 위해 여러 차례 동물 비유를 든 데서 이런 개념을 엿볼 수 있다. "인권을 보호하기 위해 형성된" 초기의 많은 "단체들이 발행한 선언들의 언어와 작문"이 "동물 학대 방지를 위한 단체들의 것과 기이하게 닮아 있다"고 말한 것이나, "일반적인 길 잃은 개보다 이름이 있는 개의 생존 기회가 더 많듯이 유명한 난민이 좀 더 나은 기회를 가질 수 있는 법"이라고 말한 것, 또 "난민이 거주권이 없는 사람임을 생각할 때 그들이 누리는 '이동의 자유'는 사냥철에 토끼가 갖는 자유와 비슷하다"고 말한 것이 그런 사례다.[64] 물론 동물 비유는 정치 공동체에서 쫓겨난 인간이 겪는 비극을 생생하게 묘사하기 위한 것이었다. 그렇더라도, 어쨌든 동물 비유가 그런 역할을 할 수 있는 이유는 아렌트가 무권리 상태의 비참한 처지를 우리의 정치 공동체에서 내몰려진 동물의 상황이

전형적으로 보여 준다고 가정하고 있었기 때문일 것이다.[65]
예를 들면, 가축화된 동물은 인간 사이에서 살아가고 어느 경
우에는 인간과 함께 살아가기도 하지만 인간이 시민으로서
인정받는 것과 같은 법적 지위를 가지고 있지는 않다. 따라서
거의 모든 헌법 체계가 동물을 권리의 주체로 인정하지 않는
다. 동물 학대 방지법과 동물 복지법이 있어서 인간의 행위를
제약하긴 하지만, 이런 법들이 우리에게 동물의 권리 자체를
존중할 의무를 지우지는 않는다. 자크 데리다는 이를 다음과
같이 명료하게 설명했다.

> 동물에게 고통이 가해지는 일은 있을 수 있다. 하지만 우리는 그
> 런 동물을 부당한 행위로 피해를 입은 당사자라고 이야기하지는
> 않을 것이다. 가령 범죄의 피해자이거나 살인의 피해자이거나
> 강도, 도둑, 강간, 위증의 피해자라고 말하지는 않을 것이다. 그
> 리고 어떤 면에서 이렇게 여기는 적은 적절하다.[66]

동물들은 법 앞에서 불평등한 것이 아니라 법의 경계 밖에
있다. 그들은 정치 공동체 안에서 인간보다 권리를 덜 가진
게 아니라 아예 권리를 가지고 있지 않다.

우리 질문의 핵심으로 돌아가서, 아렌트가 쓴 글에서 동물

들이 원칙적으로 권리들을 가질 권리의 담지자가 되지 말아야 한다는 설득력 있는 이유가 제시되어 있지는 않다. 〈혹성 탈출〉 시나리오를 떠올리지는 말기 바란다. 동물이 정치 공동체에 속할 권리를 갖는다는 것은 동물이 구체적인 권리들을 자동적으로 갖게 된다는 의미가 아니다. 우리가 이야기하는 것은 동물들이 (그 안에서 그게 무엇이건 간에 구체적인 권리들을 가질 수 있을지도 모를) 정치 공동체의 성원이 될 권리를 가질 수 있느냐이고, 분명한 것은 인간 종의 일원이 아니라는 것이 동물이 권리들을 가질 권리의 담지자가 될 수 없다는 근거가 되지는 못한다는 것이다. 이 권리는 다른 모든 권리와 마찬가지로, 인간의 내재적인 특질이 아니라 시민권을 분배하는 제도와 주장의 수행적 행위가 낳은 결과이기 때문이다. 인간과 같은 언어와 행동의 역량이 없으므로 동물들이 권리를 주장하는 행위를 수행할 수 없고 더 일반적으로는 적극적으로 정치 공동체를 구성하는 데 기여할 수 없지 않느냐는 질문이 제기될 수도 있을 것이다.[67] 하지만 토빈 시버스(Tobin Siebers)가 이미 설명했듯이, 표준적인 언어 역량이 부족하다고 해서 우리가 특정 장애인들에 대해 이 권리를 부인하지는 않는다.[68] 같은 의미에서, 인간의 언어를 말하지 못한다는 것이 동물에게 권리를 인정하지 않는 합당한 증거로 쓰일 수는 없다.[69] 요컨대, 아렌트 자신은 권리들을 가질 권리가 모두에게 확장되기를 원했지만 그 '모두'에는 인간 종의 성원만 해당되었다. 그렇더라도, 비인간 동물도 다른 모든 권리들을 가능하게 하는 하나의 권리, 즉 '권리들을 가질 권리'의 담지자의 사례가 되지 말란 법은 없다.

비인간 권리

이 장은 "권리들을 가질 권리의 주체는 누구인가"라는 질문을 고찰하려는 시도였다. 그 결과 거의 예상한 사람이 없었을 장소에 도달했다고 말해도 될 듯싶다. 많은 아렌트주의자들과 급진 민주 정치 지지자들이 낯설게 느낄 장소에 말이다. 하지만 아렌트의 구절이 자연 상태로부터 정치 공동체가 어떻게 형성되었는지를 이야기하는 전통적인 정치 이론의 창조적인 버전이라고 생각하면, 우리가 어떻게 여기에 도달했는지 이해하기가 어렵지 않을 것이다.

아렌트는 『전체주의의 기원』에서 자연 상태를 언급했다. 전통적인 정치 이론에서는 자연 상태를 인간이 정치 공동체를 제도화하기 전에 거주했던 곳이라고 묘사한다. 하지만 아렌트는 사람들이 정치 공동체에서 배제된 상황을 묘사하기 위해 이 용어를 사용했다. "문명화된 세계, 우리가 일반적으로 살아가고 있고 우리의 세기에 전 지구로 확장된 그 세계에서, 자연 상태는… 무국적자와 무권리자들에 의해 체현되어 있다. 이들은 모든 인간 공동체에서 축출되어 자연적으로 주어진 상태로, 그리고 오로지 그 상태로만 내던져졌다."[70] 근대 초기의 정치사상가들이 자연 상태를 가설적인 허구로 봤다면, 아렌트는 우리 시대의 자연 상태가 수백만 명에게 현실 그 자체임을 잘 알고 있었다. 그렇더라도 근본적인 무권리 상태에 대한 아렌트의 분석은 근대 초기 사상가들에게 자연 상태 개념과 동일한 기능을 수행한다. 정치 공동체의 구성 원칙이 무엇이어야 하는지에 대해 문제를 제기하고, 그럼으로써 현재의 정치체보다 더 정의로운 정치체를 상상하는 장을 제공하는 것이다. 『전체주의의 기원』 초판의 「맺음말」에서 아렌트는 무권리 상태라는 문제를 다루려면 우리의 정치 공동체를 대대적으로, 심지어는 혁명적으로 재구성해야 한다고 명시적으로 주장했다. "의식적으로 계획된 역사의 시작만이, 의식적으로 고안된 새 정치체만이 점차적으로 인류로부터, 인간의 조건으로부터 축출되는 사람들을 다시 통합할 수 있을 것이다."[71] 정치 공동체에서 쫓겨난 사람들이 필요로 하는 가장 첫 번째 권리로서 '권리들을 가질 권리'를 제시함으로써, 아렌트는 우리의 정치를 급진적으로 변혁시키는 데 지침이 되어야 할 근본적인 정치 원칙 하나를 표현해 냈다.[72]

아렌트가 우리에게 남긴 질문은 우리 중 누가 그 안에서 구체적인 권리들을 찾아 나가고 누릴 수 있는 공동체의 성원권을 가질 것인가이다. 이 장에서 나는 계속되는 민주적 정치 프로젝트에 동물들이 꼭 포함되어야 하는 이유를 제시하지는 않았다. '권리들을 가질 권리'라는 구절의 형식적인 차원을 살펴봄으로써 동물들이 포함될 수도 있을 것이라고 제안했을 뿐이다. 하지만 주어를 생략하기로 한 아렌트의 결정으로 요약되는 이 구절의 형식적인 측면을 잘 파악하는 것은, 좋든 싫든 이미 지구상에서 우리와 함께 살고 있는 생명체들을 통째로 배제하는 것을 전제하지 않는 급진 민주 정치의 유용한 자원이 될 수 있을 것이다.

권리를 위한 투쟁

애스트라 테일러(Astra Taylor)

권리 없음의 두 가지 형태

2016년 리우 올림픽에 역사상 처음으로 난민으로만 구성된 팀이 출전했다. 콩고민주공화국, 남수단, 시리아, 에티오피아 등 자신의 나라를 강제로 떠날 수밖에 없었던 열 명의 국가 없는 선수들이 조국을 대표해 출전한 수천 명의 다른 선수들과 동등하게 경쟁했다. 국제올림픽위원회 위원장 토마스 바흐(Thomas Bach)는 난민 팀의 구성을 언론에 발표하면서, "이들은 집도, 팀도, 국기도, 국가도 없다"며 "우리는 그들에게 세계 각지에서 온 다른 선수들과 마찬가지로 올림픽 선수촌에 숙소를 마련해 줄 것이고, 수상자가 나오면 올림픽가(歌)가 울릴 것이며, 입장할 때는 올림픽기를 들 것"이라고 설명했다. 그리고 그는 이 팀이 "우리 세계의 모든 난민에게 희망의 상징

이 될 것이고 이 위기의 막대함을 세계가 더 잘 알도록 하는 데 일조할 것"이라고 말했다.[1] 경기가 시작되기 직전에 프란치스코 교황도 공식적인 응원 메시지를 보내 그들의 올림픽 참가가 "평화와 연대를 위한 외침"이 되기를 바란다며 그들을 위해 기도하겠다고 약속했다.[2]

유엔난민기구에 따르면 세계 인구의 1퍼센트에 달하는 6530만 명이 "국내 피난민이거나 비호 신청자이거나 난민"이다.[3] 하지만 이 어마어마한 숫자도 오늘날의 인구 이동성이 어느 정도 규모인지를 제대로 전해 주지 못한다. 거의 2억 5000만 명이 국제 이주자로, 자신이 태어난 나라가 아닌 곳에 살고 있다. (그 결과, 합당한 비호 신청자와 더 나은 삶을 찾아온 기회주의적인 경제적 이주자 사이의 경계를 긋느라 갈등이 계속 벌어지고 있다. 이 구분은 물론 명료하게 지탱하기 어렵다. 전쟁과 같은 형태의 박해에 비해 빈곤이 덜 극적으로 보이긴 하지만 궁극적으로는 비슷하게 치명적이기 때문이다.)[4] 올림픽에 출전한 난민 팀에 대해 세계가 거의 한목소리로 환호한 것은 쫓겨난 사람들에 대한 우리 문화의 양극화된 반응 중 한쪽 극단을 보여 주었다. 언론은 어떻게 내전을 피해 도망쳤는지, 어떻게 가족과 친구들을 잃었는지, 어떻게 에게해를 건너면서 익사할 뻔했는지, 꿈을 이루기 위한 길고 지난한 어려움들을 어떻게 극복했는지 등 이들의 뭉클하고 감동적인 사연을 소개했다. 뉴스 보도들은 이들의 팀이 올림픽의 "심장이고 영혼"이고 "환호할 이유"이며 "희망의 횃불"이라고 표현했다. 하지만 계속되는 난민 위기에 대한 주류 언론의 보도에는 반대쪽 극단도 종종 모습을 드러낸다. NPR(미국 공영 라디오 방송—옮긴이)부터 브레이트바트(Breitbart News, 극우 성향 인터넷 매체—옮긴이)까지, 난민들은 종종 고정 관념으로 유형화되어 시민들의 생계와 사회적 응집을 위협하는 존재로, 잠재적인 테러리스트나 강간범으로, 또 공공 안전의 위험 요인으로 그려진다. 미국과 해외 모두에서 우파 정치인들은 이렇게 편견으로 가득한 묘사를 이용해, 혐오를 선동하는 반(反)이민자 수사법과 국경에 장벽을 세우고 국경을 폐쇄하겠다는 공약으로 경제적, 사회적으로 불안정한 처지에 있는 유권자들의 표를 얻으려 한다.

아렌트는 1차 대전 이후 유럽의 난민 위기를 보면서 알게 된 것을 바탕으로 『전체주의의 기원』을 썼는데, 난민을 발생시키는 요인이 어떻게 달라졌건 간에 그때보다 지금 난민이 더 많다. 그런데 오늘날 이동과 이주의 양상에 관심을 갖게 만드는 요인은(따라서 아렌트가 다시 유의미해지고 '권리들을 가질 권리'에 대한 이 책의 시의성을 한층 더 높여 주는 요인은) 난민 위기만이 아니다. 아렌트는 『전체주의의 기원』에서 제국주의, 그리고 민족과 국가의 차이를 고찰했다. 이 두 가지 모두 오늘날 미국과 유럽에서 드러나는, 코스모폴리탄적 신자유주의 자본주의와 그것의 쌍둥이인 배타적 인종주의 및 민족주의 사이의 긴장이라는 정치적 동학을 이해하는 데 유용하다. 둘 다 최근의 난민 및 이주민 급증 현상과 분리해 생각할 수 없다. 아렌트가 잘 알고 있었듯이, 제약 없이 권력과 이윤을 추구하려는 제국주의와 에트노스(ethnos, 혈통과 인종 기반의 집단―옮긴이)를 데모스(demos, 지역 공동체의 시민 집단―옮긴이)보다 우위에 놓으려는 토착주의(nativism)는 동전의 양면이며, 오늘날 이 둘은 더욱 파괴적으로 결합해 전진하고 있다.

신자유주의가 부상하고 토착주의가 다시 떠오르는 것을 아렌트의 렌즈로 보면, 현대에 존재하는 두 가지 형태의 무권리 상태에 초점을 맞출 수 있게 된다. (그 둘이 연결되어 있다는 것을 알아보기는 조금 더 어렵지만 말이다.) 하나는 **물리적으로 터전을 떠나야** 했던 국가 없는 사람들이고, 다른 하나는 시민권을 가지고 있긴 하지만 초국적 과두제가 부상하면서 **경제적으로 박탈당해** 근본적인 권리를 행사할 길이 막힌 사람들이다. 이와 관련한 우리 시대의 역설은 이중적이다. 국제적이고 초국가적인 법, 조약, 사법 재판소, 조직 등이 기본적인 인권을 보호하기 위해 마련되어 있지만, 그 어느 때보다도 많은 사람들이 전쟁이나 빈곤 등으로 터전을 떠나 권리 없는 상태로 내몰리고 있다. 그와 동시에 화폐와 교역 정책을 결정하는 국제적이고 초국가적인 법, 조약, 법정, 조직들이 생겨나면서, 점점 더 많은 사람들이 자신의 국가에서 시민의 자격을 갖고 있고 투표권도 갖고 있는데도 배제를 경험하고 있다. 이들은 기술 관료와 특수한 이해관계 집단들이 지배하는 초국가적 영역에서 권리들을 가질 권리를 박탈당한 데모스다. 세계무역기구, 국제통화기금, 유럽중앙은행 같은 초국적 기구들, 그리고 점점 영향력이 커지고 있는 초국적 기업(특히 금융 분야)들의 존재는 권력의 중심이 사람들에게서 점점 더 멀어지고 책무성을 점점 덜 갖게 되었다는 것을 의미한다. 아렌트는 "제국주의자들이 실제로 원한 것은 정치체를 수립하지 않고도 정치권력을 확대하는 것"이었다고 언급한 바 있는데, 여러 가지 중요한 면에서 오늘날의 초국적 지배 계급이 바로 이것을 달성했다.[5]

아렌트가 지적했듯이, 그리고 앞에서 스테파니 데구이어가 강조했듯이, 권리들을 가질 권리는 사후적으로만, 즉 박탈당한 후에만 인식된다.

새로운 전 지구적 정치 상황으로 말미암아 갑자기 권리들을 가질 권리(이것은 사람이 자신의 행위와 견해에 따라 평가받을 수 있는 틀 안에서 살아간다는 의미다), 그리고 모종의 조직된 공동체에 속할 권리를 잃고 그것을 되찾을 수 없게 된 사람들이 수백만 명이나 생겨나면서, 비로소 우리는 이런 권리가 존재한다는 사실을 깨닫게 되었다.[6]

2억 5000만 명의 난민 및 이주자의 존재, 시민권을 가지고도 많은 사람들이 점점 더 좌절을 느끼는 상황, 그리고 책무성 없는 먼 곳의 지배 계층과 거버넌스 구조에 대해 미국과 유럽에서 시민들의 상당수가 느끼는 좌절(우파 진영과 진보 진영 모두에서 나타나는 이러한 포퓰리즘적 조류는 우리를 폐허의 길로 더 깊이 끌고 갈 수도 있고, 잠재적인 구원과 연대의 길로 데려갈 수도 있다)은 우리에게 그런 인식의 순간이 또 한 번 닥쳤음을 보여 준다.

바로 이런 배경에서 '권리들을 가질 권리'를 재사고하고 재해석해야 한다. 아렌트가 제시한 이 눈길 끄는 구절은 오늘날 더없이 시의성이 크다. 그리고 우리는 난민 위기뿐 아니라 초국적 과두제의 상황에서 시민권자들 또한 박탈과 권리 상실을 점점 더 많이 겪고 있다는 것도 인식해야 한다. 그래야만 인도적 재난과 경제적 재난, 즉 우리 시대를 규정하는 난민 위기와 경제 불평등이 어떻게 연관되어 있는지를 더 잘 파악할 수 있다. 어쩌면 권리들을 가질 권리라는 개념은 우리가 권력을 지배 계층에게서 데모스에게로 되돌려 줄 방법을 찾는 데 도움을 줄 수도 있을 것이다. 우리가 창조하고자 투쟁하는 새로운 공동체와 정치적 정체성은 사회적 통합을 더 강화하고 경계를 더 확장하는 것이어야 함을 계속해서 우리에게 상기시켜 줄 것이기 때문이다.

확장되는 권리들과 잠식되는 권리들

아렌트는 "권리 없는 사람들이 처한 고난은 그들이 더 이상 어느 공동체에도 속해 있지 않다는 점"이라고 말했다.[7] 이 고난은 해결 불가능한 문제처럼 보인다. 공동체의 외부에 있는 사람이 어떻게 그 공동체에 들어갈 허가를 얻을 수 있는가? 권리가 없는 사람이 어떻게 권리를 주장할 수 있는가? 그렇지만 역사적으로 보면 그런 경우에도 권리들을 가질 권리는 계속해서 획득되어 왔다.

권리란 우리가 소유하거나 소유하지 않거나 하는 것이 아니다. (우리 모두 권리가 침해되거나 잠식될 수 있다는 것을 알고 있다.) 권리란 사건들이 진행되는 과정에서 효과와 변화들을 산출해 낼 목적으로 발화되는 주장이고 우리가 현실을 만들어 나가는 데 사용할 수 있는 법적, 도덕적 도구다. (또한 권리들은 재구성되고, 새로 만들어지고, 혁신되고, 재발명될 수 있다.) 그렇다면, 권리는 생각뿐 아니라 행동도 요구하며 개인의 선언뿐 아니라 공동체의 협업적인 선언도 요구한다. 역사를 잠깐만 살펴보아도, 권리들이 저절로 주어진 적은 거의 없으며 대개는 획득해야만 하는 것이었음을 알 수 있다. 막강한 반대에 부닥쳐 가며 싸워서 쟁취해야 하는 것이다. 19세기와 20세기를 거치면서, 억압받던 많은 사람들이 그들을 강력하게 배제했던 정치체에 포함될 권리를 쟁취해 왔다. 노예, 흑인 자유민, 원주민, 여성, 장애인 등이 권리를 보유한 공동체의 성원으로서 기본적인 인정을 받게 되었다. (알라스테어 헌트가 주장했듯이 인간 동료들의 연대에 힘입어 비인간 동물이 아마도 다음 차례가 될 수 있을 것이다.) 억압받던 사람들은 모임과 결사를 만들고 아렌트가 유려하게 옹호한 시민 불복종의 기법을 활용하는 등의 정치적 동원을 통해 권리들을 주장했다. 20세기에 발달한 활발하고 저항적인 사회 운동들의 결과 우리는 적어도 법조문에 의하면 선조들보다 많은 권리를 가지고 있고, 물론 이것은 환호할 만한 일이다. 또한 한나 아렌트가 '권리들을 가질 권리'에 대해 처음 숙고한 이래, 인권(시민적, 정치적, 경제적, 사회적 권리들)의 놀라운 확장, 그에 수반되는 초국적 집행 메커니즘의 발달, 법인격과 비호 추구권(하지만 매우 중요하게도, 비호를 제공하는 것을 보장하지는 않는다) 보장을 포함한 국제적인 제도화 등으로 세상은 크게 달라졌다.

물론 그 결과가 완벽하지는 않았다. '권리들을 가질 권리'는 권리들이 침해되거나 체계적으로 무시되지 않으리라는 것을 확실하게 보장하지는 못했다. 그리고 서구에서는 이제 권리가 '보편적인' 것으로 이야기되긴 하지만, 실질적으로는 배제가 널리 행해지고 있으며, 특히 물리적으로 터전을 떠나야만 했던 사람들에게는 더욱 그렇다. 비호를 추구하는 사람들 개개인은 마치 난민 지위가 특권이라도 되는 양 매우 면밀한 심사를 받아야 한다. 비호 추구권이 법으로 반드시 보장되어야 하는 그들의 권리로 여겨지지 않는 것이다. 그리고 그들은 국제적인 보호를 요구할 수 있는 진정한 피해자가 아니라 자유주의 시스템의 이득을 취하려 하는 바람직하지 않은 사람들로 취급받는다. 그리고 자신이 아는 모든 것을 버리도록 내몰린 상황이 얼마나 절박했든 간에, 이주자들은 일자리를 훔치고 유한한 사회 복지 혜택에 빌붙는 사람들이라고 맹비난을 받는다. 사실은 이들이 생산력에 막대하게 기여하고 있는데도 말이다(고령화로 젊은 노동자가 부족한 나라에서는 더욱 그렇다).[8] 몇몇 학자들이 묘사한 것처럼 우리 시대를 '권리들의 시대'라고 부를 수 있다면, 실제로 그렇다기보다는 원칙적으로 그렇다는 의미로 보아야 한다. 아렌트가 제시한 광범위한 의미에서 권리 없는 사람들(공식적으로 소유하고 있었던 취약한 권리가 사실상 무력화된 사람들)은 지금도 계속 존재한다.[9]

오늘날 우리에게 주어진 도전은 인권 운동가들이 지치지 않는 헌신과 노력을 통해 일궈 온 진보를 어떻게 이어 갈지, 법조문에서 뭉그적거리고 있는 단어들에 어떻게 생명을 부여할지 알아내는 일이다. 따라서 권리를 향한 투쟁은 전처럼 단순 명쾌하지가 않다. 1949년에 세계인권선언은 "모든 인간은 태어날 때부터 자유로우며 존엄성과 권리 면에서 평등하다"고 선포했지만, 실제로는 수천만 명이 고통스러운 연옥에서 살고 있다. 이들은 국가들 사이에 끼여, 또 시민권자들 사이에 치여 덫에 걸려 있으며, 외국 정부, 비영리 기구, 시민 단체의 자선에 의존해 겨우겨우 살아간다. 셀 수 없이 많은 사람들이 요르단, 터키, 케냐, 네팔, 그리스 등지의 난민 캠프에 내몰리면서, 이들이 국가보다 큰 공동체에 속할 수 있게 하기 위해 고안된 복잡한 국제법은 점점 더 무의미해지고 있다. 에콰도르의 10대 소년, 텍사스나 뉴욕에서 추방의 두려움 없이 살아가고자 하는 필리핀 출신 미등록 이주 여성, 프랑스나 헝가리에서 비호 신청이 거부당했지만 고향으로는 돌아갈 수 없는 아프가니스탄 출신 일가족이나 수단 출신 남성 등에게 세계인 권선언은 너무나 미약하다. 권리는 너무나 자주 공허한 수사법에 그치고 만다. 그렇더라도, 겉으로 선포된 권리와 가혹한 현실 사이의 막대한 간극을 드러내는 것 자체가 효과적인 운동의 기반이 될 수 있다. 가령, 트럼프 대통령이 시리아 난민이나 중동, 멕시코 출신 이민자들에 대해 기회주의적으로 공격을 가하는 것에 맞서 떠오른 이민법 개혁 운동이 이를 잘 보여 준다. '불법인 사람은 없다(No One Is Illegal)' 운동, '상 파피에(Sans Papiers, 미등록 이주자를 뜻한다)' 운동, '드리머[Dreamers, '이민 청소년의 능력 개발, 지원, 교육에 관한 법안(Development, Relief, and Education for Alien Minors. 일명 DREAM 법안)' 대상자를 일컫는다. 여러 형태의 드림 법안이 계속 의회에서 통과되지 못하자 오바마 행정부는 2012년에 행정 명령을 통해 '미등록 이주자 청년 추방유예(DACA) 프로그램'을 시행했다. 미등록 이주자의 자녀 중 부모와 함께 미국에 왔을 당시 아동이었던 청년들의 추방을 유예해 주는 프로그램인데, 트럼프 대통령 당선 이후 폐지되었다—옮긴이]' 운동, '이민자 보호도시(Sanctuary City)' 운동 등이 그런 사례다.

하지만 국가의 경계 안에서 합당한 신분증과 여권을 가지고 살아가는 시민들 또한 무권리 상태를 점점 더 많이 겪게 되는 것은 어떻게 해야 하는가? 이 질문에 대한 답을 찾기 전에, 우선 무권리 상태를 단순히 시민권을 박탈당하는 것으로 만 생각하지 말고 더 정교하게 이해할 필요가 있다. 무권리 상태는 그토록 힘들게 획득한 권리들이 너무나 쉽게 침해되거나 무시될 수 있으며 불평등이 심한 사회에서는 더욱 그렇다는 것을 통렬하고 날카롭게 보여 준다. 유럽의 난민 급증으로 이 국가 없는 사람들에 대한 아렌트의 논의가 오늘날 다시 시의성 있게 되었다면, 국적을 가진 시민들의 권리가 침식되는 것은 이보다 덜 극적으로 보인다. 이런 박탈은 명시적으로 잔혹한 조치를 통한 축출보다는 경제적, 관료제적 수단을 통해 벌어지기 때문이다. 투표권을 생각해 보자. 투표권이 민주 사회에서 가장 근본적인 권리라는 점에는 대부분 동의할 것이다. 하지만 남북전쟁 이후 흑인들이 투표소에 오는 것을 막기 위해 인두세 부과나 문해율 검사부터 폭행이나 살인과 같은 명백한 차별 행위까지 잔혹하고 인종 차별적인 방법들이 많이 사용되었다. 1965년의 투표권법(Voting Right Act)은 이를 막고 흑인과 소수 인종의 선거권을 보장하기 위해 만들어진 법이다. 그런데 오늘날에는 관료제적이고 '인종 중립적'인 수단에 의해 투표권이 공격받는다. 투표권을 심하게 제약할 수 있는 '투표자 신분 확인법(Voter ID Act),' '유권자 당일 등록' 제도의 폐지, 선거구 재획정을 통한 투표 물타기 등이 그런 수단이다. 흑인, 유색인, 저소득층 유권자들은 이제 개와 물대포를 통해서 차별을 받기보다는 스프레드시트를 통해서 차별을 받는다. 이에 더해, 선거 자금 규제가 계속해서 더 느슨해지고 대법원이 선거 시기 기업의 지출을 수정헌법 1조가 규정한 표현의 자유와 단순하게 동일시하면서['버클리 대 발레오(Buckley v. Valeo) 사건'과 '시민단체연합 대 연방선거위원회(Citizens United v. FEC) 사건'의 판결이 그런 사례다] 시민들의 투표권은 한층 더 침식된다. 그러니, 자금이 풍부한 이익 집단들이 자신이 원하는 바를 척척 관철하는 데 비해 일반 시민들은 정부 정책에 거의 영향을 못 미치고 있다는 진단을 사회학자들이 내놓는 것도 놀랄 일이 아니다. 오늘날 미국에서는 모든 이가 투표권과 참정권이 있지만, 어떤 이는 다른 이보다 이 권리를 더 많이 가지고 있다. '권리들을 가질 권리'와 '**정말로** 권리들을 가질 권리'를 구분해야 하지 않나 싶을 정도다.

아렌트에 따르면, 권리들을 가질 권리가 없는 사람들은 "견해가 중요성을 갖고 행동이 효과를 발휘할 수 있는 세계에서 자신의 자리를 상실한" 사람들이다. 그리고 일반적인 사람들도 부와 권력이 가차 없이 집중되면서 그런 세계에서 자신의 자리를 점점 잃어 가고 있다. 정치적으로 불필요해지고 무력해지면서 서서히 그 자리에서 쫓겨나고 있는 것이다(이들을 쫓아내는 과정이 완벽하게 이루어지는 것은 아니어서, 그 과정에서 투쟁도 많이 벌어진다).[10] 지금은 무산된 환태평양경제동반자협정(Trans-Pacific Partnership, TPP. 당사국들이 비준을 준비 중이었으나 트럼프 대통령이 탈퇴를 선언했다―옮긴이)과 범대서양무역투자동반자협정(Transatlantic Trade and Investment Partnership, TTIP) 등 국제 무역 협정을 통해 시민권이 어떻게 침식되는지를 조금 더 자세히 살펴보자. 이 둘은 비밀리에 협상된 조약들의 긴 역사에서 최근의 사례일 뿐이다. 일반적으로 이런 조약들은 비교적 속도가 느린 민주적 숙의 절차를 건너뛰고 아주 약간의 공공 감시와 감독마저 건너뛰는 '신속 처리 절차'를 통해 비준된다. 다른 협정들과 마찬가지로, TPP와 TTIP 둘 다 투자자들에게 '투자자-국가 간 소송 제도(Investor-State Dispute Settlement, ISDS)'를 통해 막대한 권력을 부여하기 위해 고안됐다. ISDS는 외국 기업들이 이윤의 손실에 대해 정부들을 상대로 소송을 제기할 수 있게 해 준다(예를 들면, 현재 외국인 투자자 중 10퍼센트가량이 미국 정부의 정책에 이의를 제기하기 위해 ISDS를 활용할 수 있다). ISDS의 조항들은 기업이 민주적 주권을 놀랍도록 뻔뻔하게 공격할 수 있게 한다. 동일본대지진 이후 독일 정부가 핵발전소를 단계적으로 없애기로 하자 스웨덴 기업 바텐팔이 유럽연합 에너지협정 위반을 이유로 독일 정부를 제소했다. 비슷하게, 트랜스캐나다도 북미자유무역협정(North American Free Trade Agreement, NAFTA)의 ISDS를 적용해, 미국이 키스톤 XL 석유 파이프라인 건설을 무산시켜 150억 달러 손해를 입었다며 미국 정부에 배상을 청구했다. 키스톤 파이프라인 건설 중단은 환경 운동가들의 맹렬한 노력과 대중 홍보 덕분에 얻어 낸 성취였다(트럼프 대통령은 키스톤 파이프라인 건설을 재개하겠다고 밝혔다—옮긴이). 설상가상으로 이런 소송들은 기업 변호사들로 구성된 비공개 '중재 재판소'에서 이뤄져서 법치의 절차들을 비켜 간다.

아렌트의 용어와 분석 범주를 적용해 보면 시민권자들이 겪는 무권리 상태의 증가가 더 명확히 드러난다. 1967년에 아렌트는 1951년 첫 출간된 『전체주의의 기원』의 새로운 판본에 쓴 「머리말」에서 냉전의 적대가 수그러들면서 전체주의의 전조인 제국주의가 다시 한 번 떠오르고 있으며, 그것도 "방대하게 큰 규모로" 그리고 "방대하게 달라진 여건과 상황에서" 떠오르고 있다고 언급했다. 반세기가 지난 오늘날 되돌아보면, 아렌트의 이 간략한 언급은 (정확히 어떤 방식으로 새로운 제국주의가 떠오를지는 예측하지 못했다 해도) 참으로 정확한 예언이었던 것으로 보인다. 아렌트는 제국주의가 "[마르크스가 말한 '자본의 시초 축적' 이후] 단순한 강탈의 원죄가 반복되는" 것이라며

"[자본] 축적의 동력을 급격히 약화시키지 않으려면" 이것이 계속되어야 한다고 언급했다.[11] 오늘날의 신자유주의 시대에 부의 집중을 촉진하는 "단순한 강탈"은 점점 더 파악할 수 없게 복잡해지고 있다. 화이트칼라 범죄는 대중이 접근할 수 없는 네트워크를 조작하고 시스템을 주물러 가며 이뤄진다. 중립적인 듯 보이는 전문가들을 대거 고용해 무역 중재 재판소에서 기획하는 유형의 도둑질, 신용 평가 기관이 나서서 저지르는 종류의 도둑질도 있다. 또 시장 친화적인 정책이 통과되도록 로비를 해서 시민들이 법조문상으로는 가지고 있는 권리를 실제로는 제대로 행사하지 못하게 하고 공공재를 없애는 식의 강탈도 있다.

아렌트는 제국주의가 "자본주의의 마지막 단계라기보다 부르주아 계급이 정치적 지배를 실현하는 첫 번째 단계라고 보아야 한다"고 언급했다.[12] 마르크스주의 지리학자 데이비드 하비(David Harvey)에 따르면, 신자유주의의 부상으로 우리는 세 번째 단계에 들어섰다. 하비는 저서 『신제국주의(*The New Imperialism*)』에서 제국주의가 "끝없는 권력 축적에 기반한… 끝없는 자산 축적"이라는 아렌트의 주장을 토대로, 우리 시대를 규정하는 "방대하게 달라진 여건과 상황"들을 추적했다.[13] 이 책은 2001년 9·11 테러 이후 아프가니스탄과 이라크에서 미국이 벌인 파괴적인 전쟁이 정점이던 2003년에 출간되었는데, 여기에서 하비는 이 당시 미국이 해외에서 일으킨 전쟁과 역시 이 시기에 발생한 금융 분야의 새로운 경향의 연결 고리를 설명했다. 금융 분야의 경향은 2008년 금융 위기 이후 더 심화되었지만, 이미 2000년대 초에도 군사적 모험을 감행하는 데 큰 역할을 한 것은 쇠약해진 국내 경제였다. 신보수주의 외교 정책이 국내에서의 신자유주의와 잘 들어맞았듯이 말이다. 『신제국주의』는 미국 노동자 계급(및 다른 나라의 노동자 계급)이 겪는 체계적인 권력 박탈과 중동의 군사적 불안정을 연결시켜 생각할 수 있는 틀을 제시했다. 중동의 군사적 불안정은 난민 위기, 특히 100만 명이 넘는 난민이 '테러와의 전쟁'의 재앙적인 후폭풍으로 고향을 탈출해 유럽에 밀려 들어오면서 생긴 난민 위기로 한층 더 악화되었다. (물론 이것만이 원인은 아니다.) 다양한 방식으로 우리 모두 하비가 말한 "탈취에 의한 축적"의 피해자다. 탈취에 의한 축적은 전통적인 방식의 노동 착취 및 잉여 가치 추출과 함께 존재하는, "수익 추구를 위한 약탈 형태"를 지칭한다.

아렌트는 제국주의가 늘 국내와 해외 모두에서 민주주의 및 법치와 되돌릴 수 없이 충돌한다고 주장했다.

무제한적 팽창만이 무제한적인 축적에 대한 자본의 희망을 실현시킬 수 있으며 권력의 목적 없는 축적을 가져온다는 개념은 새로운 정치체의 설립을 거의 불가능하게 만들었다. 제국주의 시대에 이르기까지는, 새로운 정치체가 설립되는 것은 언제나 정복의 결과였다. 그런데 무제한적 팽창의 논리적 결과는 피정복 민족의 것이든 본국민의 것이든 모든 생활 공동체를 파괴하는 것이다. 새것이든 옛것이든 모든 정치 구조는 그대로 두면 안정화의 요인들을 발달시키기 마련이고 그런 요인들은 영구적인 변화와 팽창을 가로막기 때문이다. 그러므로 모든 정치체는 증대하는 권력의 영원한 흐름의 일부로 보자면 일시적으로는 장애물처럼 보이게 된다.[14)]

아렌트의 도발적인 평가는 물론 지난 시기에 대한 것이다. 신자유주의는 아렌트가 예상하지 못한 정치체에 의존한다. 그것의 토대는 아렌트가 제국주의를 비판했을 때(1950년대 초―옮긴이)에 이미 놓이고 있었다. 자본주의의 현재 질서를 이해하려면 지난 세기 중반인 종전 직후 시기를 보아야 한다. 미국은 핵심적인 군사 동맹과 금융 질서의 중심에 자리 잡음으로써 헤게모니를 획득했다. 새로운 금융 질서는 전 세계 통화 시스템을 안정시키기 위한 브레턴우즈 체제에 기반해 있었다. 그러다가 막대한 재정 위기가 미국을 강타하면서 신자유주의로의 전환점이 왔다. 재정 위기와 그로 인한 인플레이션은 자본주의의 이윤율을 떨어뜨렸고 브레턴우즈 체제의 근간인 금본위제의 붕괴를 가속화했다. 글로벌 헤게모니를 잃지 않으면서 이 위기에 대처하기 위해, 미국은 글로벌 금융의 허브로 자리매김하고자 하는 한편, 세계은행, 국제통화기금, 세계무역기구를 통해 미국의 국제적인 이해관계를 진전시켰다. 이 기구들은 시장 개방과 긴축 정책을 채무국에 강요할 수 있었고 이는 그 나라들의 사회적, 정치적 우선순위를 시민들의 의지와는 상관없이 효과적으로 재조정했다.[15] 오늘날까지도 이런 기구들의 활동은 공개된 숙의나 감독 과정 없이 비밀리에 결정된다. 이런 곳들은 새로운 정치체이지만 대표성이나 책무성은 없는 정치체다.

그러는 동안, 1970년대를 거치면서 하비가 말한 "탈취에 의한 축적"이 더 두드러지게 나타났다. 사실상 이것은 자본 축적의 중심 메커니즘이 되었다. 이런 기법들은 이윤율의 정체를 타개하고자 밖으로뿐 아니라 안으로도 방향을 돌려 미국과 기타 선진국 시민들에게도 자행되었다. 외부로 향하건 내부로 향하건, 탈취에 의한 축적은 국가 자산(물, 광물 같은 자연 자원과 전파 등 포함)의 **도용**, 공공 자산을 배타적인 사적 자산으로 바꾸는 **민영화**, 국가 채무와 신용 시스템을 훨씬 넘어서는 수준의 **금융화**(줄어드는 임금을 보충하기 위해 신용 접근을 확대했고 주거나 교육처럼 보편적인 공여가 되어야 마땅한 것에 부채 금융이 도입되었다)의 형태를 띤다. 우리의 관심사와 관련해 중요한 점은, 도용, 민영화, 금융화의 과정이 우리가 어렵게 획득해 온 공적 권리의 대대적인 상실을 야기했다는 점이다. 연금, 복지, 건강, 교육, 깨끗한 환경, 노동자와 소비자 보호, 노조 결성 등이 신자유주의 정통 경제학의 이름으로 제거되거나 약화되었다. 평등이나 적법 절차 같은 민주주의의 기본 가치들은 시장이 추동하는 배제에 의해 위협받는다. 더 극적으로 말해서, 부유한 소수가 국가의 권력을 활용해 개인적인 부를 축재하는 동안, 보통 사람들은 빚에 짓눌리고 무시당하면서 권리를 가진 시민의 지위에서 밀려나 제국의 신민이 되어 가고 있다.

사회적 권리와 국가

이제껏 속아 왔다는 분노를 느끼는 사람들이 점점 많아지고 있다. 지배 계층(정치인, 은행가, 로비스트, 언론 등)에 대한 분노는 좌파와 우파 모두에서 포퓰리즘적 폭동에 불을 지폈다.

2016년 미국 대선 때 진보와 보수의 저항자들은 TPP를 혐오한다는 데서 하나가 되었다. (재선 당시—옮긴이) 오바마 대통령의 백악관 웹사이트에는 TPP가 인권을 진전시킬 것이라며 관련 자료들이 게시되었지만, 도널드 트럼프와 버니 샌더스(Bernie Sanders)는 매우 상이한 방식으로였기는 해도 공히 TPP에 대한 비판을 선거 운동의 핵심으로 내세웠다. 그러나, 예상하시다시피, 합당한 분노가 꼭 위로만, 즉 꼭 지배 계층으로만 향하는 것은 아니다. 분노는 아래로도 향해서 가장 취약하고 가난한 사람들에게 떨어진다. 외국인 혐오는 역사적으로도 종종 그랬듯이 우파 진영의 포퓰리즘적 조류 사이를 자유롭게 흐른다. 미국의 트럼프 현상과 영국의 브렉시트, 그리고 그리스의 황금새벽당 같은 유럽 극우 정당의 부상 등은 인종주의적인 적대를 북돋우며, 난민, 이주자, 더 일반적으로 말해서 유색 인종을 희생양으로 삼음으로써 지지자들을 공동의 정체성으로 견고하게 묶는다. 부유한 사람들에 대한 세금 감면, 사회 서비스 삭감, 불안정한 고용 등 신자유주의 경제 정책들 때문에 생겨난 결핍과 불안정은 배타적 민족주의의 불을 활활 태우는 연료 역할을 한다.

이것은 에트노스를 데모스보다 우위에 두는 정치이고, 민주주의 쇠퇴의 징후이며, 법치의 쇠락과 국가 공동화의 징후다. 아렌트가 강조했듯이 민족과 국가는 동의어가 아니다. 그 둘이 진정으로 분리되기는 매우 어려웠지만 말이다. (역사적으로 볼 때 에트노스로서의 사람들이 시민권으로 정치적 권리를 확보하고 그럼으로써 데모스가 된 것은 국가의 경계 안에서였다.) 권리들을 가질 권리에 대해 고찰했을 때 아렌트는 민족 없는 사람들이 아니라 국가 없는 사람들을 강조했는데, 여기에는 이유가 있었다. 아렌트는 "사람들은 한때 국적에 의해 부여받았던 권리와 보호를 상실하면," 즉 국가에서 쫓겨나면, 오히려 "더 절박하게 국적에 매달리게 된다"고 언급했다. 오늘날의 우파 포퓰리스트들에 대해서도 마찬가지로 말할 수 있을 것이다.[16] 그들의 애국적인 맹신[과거에 대한 향수, 국기(國旗), 몰려 들어오는 타자에 대한 히스테리에 가까운 두려움 등]은 근본적으로 그들이 권리를 박탈당하고 있다는 징후다. 신자유주의적 여건에서 사실상 무권리 상태로 전락하는 것에 대한 두려움인 것이다. (가령, 이들은 딴에는 더 나은 의료 보장을 위해 투표해도 실제로는 의료비가 오르고 의료 보장이 줄어드는 상황에 처한다.) 반면 금융 과두제 지배층은 막대한 정치적인 영향력을 가지고 있으며 가장 저열한 의미에서 코스모폴리탄적이다. 즉 이윤 극대화라는 규칙만 따를 뿐 어느 나라에도 충성하지 않는다.

그렇다면, 이런 상황에서 좌파의 입장을 견지하고자 하

는 우리들은 어떻게 해야 할까? 코스모폴리탄적 신자유주의와 그 토착주의적이고 외국인 혐오적인 쌍둥이의 연결을 끊고 싶은 우리는 어떻게 해야 할까? 적어도 다음과 같은 정도까지는 분명하게 말할 수 있을 것이다. 민족주의가 신자유주의적 자본주의에서 무권리 상태를 보여 주는 징후라면, 권리를(사실은 '권리들을 가질 권리'를) 다시 주장하는 데는 국가를 강화하는 것뿐 아니라 국가를 근본적으로 변혁하는 것도 필요하다. 최종적으로는 신자유주의를 끝내고 민주적 사회주의를 새로이 일궈 근본적으로 상호 연결되고 다문화적인 세계를 짓기 위해서 말이다. 그리스에서 시리자(SYRIZA, 급진 좌파 연합―옮긴이)의 승리, 스페인에서 포데모스(Podemos, 급진 좌파 정당―옮긴이)의 승리(실제로는 통치 과정에서 이 정당들에게 얼마나 많은 어려움이 제기되든 간에), 그리고 영국에서 제러미 코빈(Jeremy Corbyn)과 미국에서 버니 샌더스가 보여 준 놀라운 호소력 등은 이것이 추상적인 입장이 아니라 매우 큰 호응을 얻을 수 있는 대중적인 프로그램이며 빈곤과 패배의 반세기에서 벗어날 수 있는 유일한 길임을 보여 주었다.

아렌트는 이런 경로가 설득력 있다거나 바람직하다고 생각하지 않았을 것이다. 이 책의 기고자인 새뮤얼 모인 등 여러 학자들이 언급했듯이, 아렌트는 경제적, 사회적 권리에 대해 (절대적으로까지는 아니었다 해도) 매우 회의적이었다. 아렌트는 사회적 권리를 정치적 권리와 분리하고자 했으나(전자를 생존과 후생의 영역, 후자를 자유의 영역으로 보았다) 실패했다. 하지만 그와 동시에 마르크스를 이어받아 "법 앞에서의 평등에 기반한 정치체와 계급적 불평등에 기초한 사회 사이에는 근본적인 모순이 있다"는 것을 인정하기도 했다. 표방된 평등주의와 실제의 막대한 불평등 사이에서 끊임없이 긴장과 갈등이 발생하리라는 것이었다. 이러한 갈등은 원자화, 불만족, 분노 등 오늘날 우파 폭동을 지탱하는 원료가 된다. 아렌트는 이렇게 언급했다.

> 자유를 위해 필요한 것은 부가 아니다. 필요한 것은 안전, 그리고 공적인 주장들이 침입하는 것을 막을 수 있는 사적인 장소다. 한편 공적 영역을 지키기 위해 필요한 것은 사적 이해관계가 야만적이고 공격적인 형태로 침투해 들어오는 것을 막는 것이다.[17]

그러므로 아렌트는 자신이 그토록 높은 가치를 부여한 정치적 평등을 주장하기 위해 경제적 평등의 중요성을 전적으로 부인할 수는 없었다. 마찬가지 의미에서 아렌트는, 에둘러가는 방식으로, 정치적인 권리들보다 사회적 권리들이 우선

한다는 것을 인정하는 문을 열어 두었다. 실제로 최근의 사건들은 사회적 권리들이 '권리들을 가질 권리'의 토대가 되어야 함을 보여 주었다. 어쩌면 '권리들을 가질 권리'는 정치 공동체에 속할 권리보다 경제적, 사회적인 평등의 권리를 더 핵심적으로 의미하는지도 모른다. 평등이 없으면 시민권은 의미 없는 것이 되고 말기 때문이다.

추상적인 이론의 영역을 떠나 지상으로 내려와 보면, 우리의 문제들은 전혀 해결되지 않았다. 실제의 살아 있는 사람들이 이토록 적대적인 여건에서 어떻게 권리들을 가질 권리를 주장할 수 있을까? 현재 초국적 기구들과 '법적인 인간(법인)'인 기업들은 권리들을 가질 권리를 전 지구적인 수준에서 보장받고 있다. 하지만 난민과 시민 모두를 포함해 '진짜 인간'은 그런 권리를 부인당하고 있다. 유일한 해법은 이 시대의 독특한 어려움들에 맞서 집합 행동을 벌이는 것이다. 먼저, 우리는 권리들을 가질 권리의 이중적 속성을 인식해야 한다. 우리가 진정한 자유와 정치적 참여를 원한다면, 유의미한 시민권은 사회적, 경제적 평등의 원칙과 따로 떼어서 생각할 수 없다. 둘째, 민족과 국가가 구분되는 개념이라는 사실은 우리가 공동의 정체성과 통합을 만들 새로운 길을 찾아야 함을 의미한다. 호전적 애국주의를 국경 없는 연대로 대체하려 했던 사회주의의 오랜 꿈을 향해 전진하고자 한다면 말이다. 셋째, 우리는 권리를 국가 권력의 남용에 맞서는 방어 도구로서만이 아니라 국가와 우리의 대표자들에게 보내는 선제적이고 진취적인 요구로 보아야 한다. (사회적 권리와 복지 권리를 확대하고 그럼으로써 인간의 자유에 대한 우리의 인식과 그러한 자유를 행사할 수 있는 역량을 확대하라는 요구도 여기에 포함된다.) 넷째, 우리는 이러한 긍정적인 권리들을 선언하는 것이 침묵으로 빠져들거나 무시되어 버리지 않도록 집단적인 힘을 키워야 하고 특히 새로운 제도와 모델을 지어야 한다. (아렌트라면 새로운 자발적 조직들과 시민 불복종의 접근 방법이 필요하다고 말할 것이다.) 그래야 "탈취에 의한 축적," 즉 도용, 민영화, 금융화를 통한 축적에 맞서 싸울 수 있다. 고용주들이 잉여 가치를 뽑아 가는 것을 막을 수 있도록 노동자들의 힘을 키우기 위해 노조가 만들어졌듯이 말이다. 투자 철회 운동, 부채 탕감 운동 등 이러한 실험은 이미 진행되고 있다. 우리가 풀어야 할 과제는 전 지구적 수준과 지역적 수준을 연결하고, 초국적인 과두제 권력의 흐름을 살피면서 그것이 우리의 일상에 치고 들어오는 부분이 어디인지 찾는 것이다. 지역 선거의 부패, 환경 오염, 채권자에게 지불해야 하는 막대한 이자, (집값보다 대출금이 더 많은—옮긴이) 깡통 주택 대출, 일자리 감소 및 공동체 투자의 감소 등 그런 고리들을 찾아내고, 그럼으로써 한 집단이 다른 집단들 때문에 권리를 부인당하는 상황을 막고 분노가 위로 향하게 해야 한다. 세계 인구 중 아래쪽 절반의 사람들이 가진 부 전체만큼을 가진 8명의 부자가 6500만 명의 난민 및 피난민보다 우리의 집단적인 후생에 더 큰 위협일 것이다.[18]

국제적, 국내적 수준 모두에서 공공 영역은 사적 기업의 이익에 의해 포획당하고 왜곡되어 왔다. 아렌트가 경고했듯이, 민주주의는 탈영토화된 법적 구조 및 전 지구적 자본주의의 흐름과 보조를 맞추지 못했고 맞출 수도 없다. 그러면 질문은 다음과 같다. 시민들은 그들이 동의하지 않는 합의에 대해 어떤 의무를 가지는가? 아렌트는 「시민 불복종」에서 이렇게 언급했다.

시민이 법을 지켜야 한다는 도덕적 의무는 그도 그 법에 동의했거나 그 자신이 그 법을 만든 입법가라는 가정에서 나온다. 법치 체제에서 인간은 외부의 의지에 종속되지 않고 자신에게만 복종하기 때문이다.[19]

여기에 한 줄기 희망이 있다. 오늘날 데모스는 지속적으로 박탈을 겪고 있으며 지배 계층은 우리의 삶을 통치하는 규칙과 규율을 만드는 데 우리의 참여를 배제한다. 이는 우리의 불복종을 정당화한다. 나아가 적극적인 저항까지도 정당화한다. 저항이야말로 우리가 '권리들을 가질 권리'를 요구하는 첫 걸음이다.

감사의 글

내용에 걸맞게 이 책은 처음부터 협업이었다. 윌래밋 대학과 포틀랜드 주립대학의 자금 지원에 감사를 전한다. 버소 출판사의 담당팀은 이 책을 발전시키는 과정에서 마주친 예기치 못한 도전들을 해결하는 데 큰 도움을 주었다. 애니 고드프리 라몬(Annie Godfrey Larmon)과 앨리슨 홉굿(Allison Hobgood)은 너그러우면서도 날카로운 시각으로 머리말을 읽고 의견을 주었다. 중요한 단계에서 귀한 조언을 해 준 보니 호니그에게도 감사를 전한다. 또한 여러 가지로 이 프로젝트에 영감을 준 닐 사카마노(Neil Saccamano)에게도 감사를 전한다. 마지막으로, 그가 쓴 글은 이 책에 실리지 못했지만 고(故) 베르너 하마허(Werner Hamacher)는 원래 이 책을 함께 작업한 협업자였다. 그를 기억하며, 이 책을 하마허에게 헌정한다.

주

머리말·권리들을 가질 권리

1.   이 시기를 포함해 아렌트의 삶을 상세하고 깊이 있게 설명한 책으로는 단연 엘리자베스 영 브륄(Elisabeth Young-Bruehl)이 쓴 『한나 아렌트 전기(*Hannah Arendt: For Love of the World*)』(New Haven: Yale University Press, 1982)를 꼽을 수 있다.

2.   UNHCR, *Global Trends: Forced Displacement in 2015*, unhcr.org.

3.   Hannah Arendt, "'The Rights of Man': What Are They?" *Modern Review* 3: 1, Summer 1949, 24-37, 30. 이 글의 독일어 번역본이 같은 해 가을에 카를 야스퍼스(Karl Jaspers)가 펴내던 저널(*Die Wandlung* 4, Autumn 1949, 754-70)에 실렸는데, '인간의 권리는 단 하나만 존재한다(Es gibt nur ein einziges Menschenrecht)'라는, 사뭇 다른 제목으로였다. 아렌트가 이 글의 초고를 쓴 것은 1946년경으로 보인다. 그해 9월 9일자로 아렌트가 헤르만 브로흐(Hermann Broch)에게 보낸 편지에 "인권에 대한 글을 썼다(habe einen Artikel über Human Rights geschrieben)"고 전하는 내용이 나온다. 다음을 참고하라. Hannah Arendt and Hermann Broch, *Briefwechsel 1946-1951*, ed. Paul Michael Lützeler(Berlin: Jüdischer Verlag, 1996).

4.   Hannah Arendt, *The Origins of Totalitarianism*(New York: Harcourt Brace, 1951). 같은 해에 영국에서 이 책의 초판이 '우리 시대의 의무(The Burden of Our Time)'라는 제목으로 출간되었다(London: Secker and

Warburg, 1951). 독일어 번역본[*Elemente und Ursprünge totaler Herrschaft*(New ed., München: Piper, 1986)]은 1955년에 나왔다.

5. Arendt, *The Origins of Totalitarianism*(new ed., San Diego: Harvest, 1968), 297. 별도의 언급이 없으면 머리말에 인용된 『전체주의의 기원』은 모두 1968년판을 지칭한다.

6. "인간이 인간이라는 이유만으로 가지는 권리"는 거의 토씨 하나 다르지 않게 모든 사람이 이야기하는, 인권에 대한 가장 단순한 개념 정의다. 다음을 참고하라. Jack Donnelly, *The Concept of Human Rights*(London: Croom Helm, 1985), 1; Paul Gordon Lauren, *The Evolution of International Human Rights: Visions Seen*(second ed., Philadelphia: University of Pennsylvania Press, 2003), 1; Maurice Cranston, *What Are Human Rights?*(London: Bodley Head, 1973), 36.

7. Arendt, *The Origins of Totalitarianism*, 297.

8. 같은 책, 298.

9. 같은 책, 296. 447도 참고.

10. 같은 책, 299-300.

11. 같은 책, 292, 300.

12. 같은 책, 296-97.

13. 같은 책, 298.

14. 1933년에 '권리들을 위한 권리'와 비슷한 개념을 또 다른 유럽 출신 유대계 미국 이민자인 에마 골드만(Emma Goldman)이 언급한 바 있다. 골드만은 급진 무정부주의 활동으로 미국 시민권을 박탈당하고 추방된 뒤에 그런 언급을 했다. 하지만 정확히 이 표현을 사용하지는 않았다. 다음을 참고하라. Goldman, *A Woman Without a Country*, ed. Joseph Ishill(Berkeley Heights, NJ: Oriole Press, 1933).

15. 알려진 바로 아렌트가 이 구절을 다시 사용한 유일한 경우는 '무국적 상태(Statelessness)'라는 제목의 미출판 강연 원고다. 이 강연은 1955년 캘리포니아 대학 버클리 캠퍼스에서 열렸다. 하지만 강연의 개요를 보건대 이

때도 '권리들을 가질 권리'는 세심하게 고안된 중요 개념이었다기보다 부차적인 언급이었던 것으로 보인다. "그 권리는, 권리들을 가질 권리다. 이 권리는 시민권으로 보장된다." 다음을 참고하라. Arendt, "Statelessness," Essays and Lectures, Hannah Arendt Papers, Manuscript Division, Library of Congress, Washington, DC, April 22, 1955.

16. Perez v. Brownell 356 U.S. 44 (1958). 워런 대법원장이 이 구절을 언급한 나머지 하나의 판결은 '트롭 대 덜레스 사건'의 다수 의견이다. 여기에서 그는 "국외 거주자는 권리들을 가질 권리를 상실했다"고 언급했다. Trop v. Dulles 356 U.S. 86 (1958), 101–2.

17. 이 계보를 처음 밝힌 문헌으로는 다음을 참고하라. Stephen J. Whitfield, *Into the Dark: Hannah Arendt and Totalitarianism*(Philadelphia: Temple University Press, 1980), 111–12, 285nn47–8.

18. Claude Lefort, "Human Rights and the Welfare State." 다음에 수록됨. *Democracy and Political Theory*, trans. David Macey(Cambridge: Polity, 1988), 37. 40도 참고.

19. 제프리 C. 아이작(Jeffrey C. Isaac)도 다음에서 이 점을 언급했다. *Democracy in Dark Times*(Ithaca: Cornell University Press, 1998), 217n32.

20. A. Naomi Paik, *Rightlessness: Testimony and Redress in U.S. Prison Camps since World War II*(Chapel Hill: University of North Carolina Press, 2016).

21. Joseph Nevins, "A Right to Work for All," North American Congress on Latin America, October 19, 2011, nacla.org.

22. Thomas D. Williams, "Leftists Push Italy to Follow Ireland on Same-Sex Marriage," *Breitbart*, May 24, 2015, breitbart.com.

23. European Resettlement Network, "Refugees Have the Right to Have Rights! Campaign #Refugeeshaverights," resettlement.eu. 2015년 12월 11일에 게시된 이 캠페인의 공지는 아렌트의 구절을 다음과 같이 인용했다. "난민도 권리들을 가질 권리가 있습니다." 다음을 참고하라. European Council

on Refugees and Exiles, "Sharing Our Rights with Refugees: ICMC Europe and ECRE Launch End of the Year Campaign," December 11, 2015, ecre.org.

24. Seyla Benhabib, *The Reluctant Modernism of Hannah Arendt*(Thousand Oaks, CA: Sage, 1996), 185.

25. 같은 책, 82.

26. 같은 책, 198.

27. Seyla Benhabib, *The Rights of Others: Aliens, Residents, and Citizens* (Cambridge: Cambridge University Press, 2004), 59.

28. Benhabib, *Reluctant Modernism*, 46.

29. Benhabib, *Rights of Others*, 67.

30. 같은 책, 67~68; 또한 다음을 참고하라. "우리는 각각의 인간이 어떤 국적이나 시민권을 가지고 있기 때문이 아니라 인간이라는 자격 자체에 의해 기본적인 인권을 부여받은 주체라고 보아야 한다." Seyla Benhabib, "Human Rights and the Critique of 'Humanitarian Reason,'" Reset DOC, July 10, 2014, resetdoc.org.

1장 · 권리들을 가질 '권리'

이 장은 닐 사카마노(Neil Saccamano)에게 헌정한다.

1. Frank Michelman, "Parsing 'A Right to Have Rights,'" *Constellations* 3:2, October 1996, 201.

2. 아렌트가 세계인권선언 최종본을 참조했는지 여부는 알 수 없다. 크리스토프 멩케(Christoph Menke)가 지적했듯이, 아렌트는 '유엔 권리장전'을 언급했고 한 각주에서 '유엔 위원회의 초안'을 언급하기는 했다. Arendt, Hannah, "Es gibt nur ein einziges Menschenrecht," *Die Wandlung* 4, December

1949, 769.

3. Hannah Arendt, *The Origins of Totalitarianism*(New York: Harcourt Brace Jovanovich, 1951), 296. 강조 표시는 내가 덧붙인 것이다.

4. 사람들은 권리를 잃었거나 잃을 위험에 처했을 때만 그것의 소유를 주장한다는 개념에 대해서는 잭 도널리(Jack Donnelly)의 논의를 참고하라. 도널리는 "권리 담론은 권리가 쟁점이 되었을 때만 적합하고 합리적인 담론이 될 수 있다"고 언급했다. Jack Donnelly, *Concept of Human Rights*(New York: St. Martin's Press, 1985), 13. 다음도 참고하라. "우리는 권리가 쟁점이 되었을 때만 그것에 대해 이야기한다.… 권리는 부인되었거나 문제가 제기되었거나 위협을 당했거나 해서 쟁점이 되었을 때만 언급되고 사용될 만한 중요성을 가질 수 있다." Jack Donnelly, *Universal Human Rights in Theory and Practice*(third ed., Ithaca, NY: Cornell University Press, 2013), 8.

5. 특히 다음을 참고하라. Christoph Menke, "The 'Aporias of Human Rights' and the 'One Human Right': Regarding the Coherence of Hannah Arendt's Argument," *Social Research* 74:3, Fall 2007, 739-62.

6. Seyla Benhabib, "Human Rights and the Critique of 'Humanitarian Reason.'"

7. Seyla Benhabib, *The Reluctant Modernism of Hannah Arendt*, 82.

8. Seyla Benhabib, *The Rights of Others*, 56.

9. 같은 책, 57.

10. 같은 책, 113.

11. Jacques Derrida, "Signature, Event Context," trans. Alan Bass. 다음에 수록됨. *A Derrida Reader: Between the Blinds*, ed. Peggy Kamuf(New York: Columbia University Press, 1991), 80-111. 다음도 참고하라. Stephanie DeGooyer, "Democracy, Give or Take?" *Humanity: An International Journal of Human Rights, Humanitarianism and Development* 5:1, 2014, 93-110.

12. 『한나 아렌트의 마지못한 모더니즘』에 나오는 '아렌트주의적 정치

에 빠져 있는 규범적 토대들(The Missing Normative Foundations of Arendtian Politics)'이라는 제목의 절은 벤하비브가 아렌트의 정치를 어떻게 수정했는지를 잘 보여 준다. 이 절에서 벤하비브는 아렌트가 인권에 대해 "우울함"과 "회의주의" 둘 다를 보여 주었다고 언급했다. 그러나 벤하비브는 정치적 실존주의가 아렌트에게는 "바람직한 입장"이 아니었다고 덧붙였다. "바람직한 입장"이라는 표현은, 아렌트의 저술에서 실제로 발견되는 아렌트의 입장과 벤하비브가 생각하기에 아렌트가 취했으면 하는 입장 사이의 혼동이 벤하비브의 논의 전반에 걸쳐 존재함을 암시한다. 예를 들면, 벤하비브는 아렌트가 『인간의 조건(The Human Condition)』에서 인류를 추상화해 설명한 부분에 "윤리적인 암시가 담겨 있다"고 언급했다. 그런데 이 모든 것이 아렌트의 저술에서 명시적으로 이론화되어 있지 않고 '암시'만 되어 있을 뿐이므로, 벤하비브는 아렌트의 이론이 도덕규범적 틀로서 이해될 수 있으려면 반드시 이론적 재구성 혹은 수정 작업이 필요하다는 결론에 이를 수밖에 없었다.

13.   Étienne Balibar, *Equaliberty* (Durham, NC: Duke University Press, 2014), 168.

14.   Judith Butler, *Notes Toward a Performative Theory of Assembly* (Cambridge, MA: Harvard University Press, 2015), 49.

15.   Diana Ozemebhoya Eromosele, "United Nations: Detroit Water Shutoffs Violate Human Rights," *The Root*, October 22, 2014, theroot.com.

16.   Judith Butler, *Notes Toward a Performative Theory of Assembly* (Cambridge, MA: Harvard University Press, 2015), 39.

17.   Michelman, "Parsing 'A Right to Have Rights,'" 206; "또한 규칙, 맥락, 역량은 절대적으로 고정되어 있지도 않다. 그리고 정치의 기본적인 질문 하나는 다음과 같이 표현될 수 있다. 어떻게 그것들은 변화하는가? 어떻게 그것들을 변화시킬 수 있는가?" 다음을 참고하라. Thomas Keenan, "Drift: Politics and the Simulation of Real Life," *Grey Room*, 2005, 99–100.

18.   Arendt, *Origins*, 283.

19. 같은 책, 286.

20. 같은 책, 287.

21. Hannah Arendt, "'The Rights of Man': What Are They?" 36.

22. 같은 책, 34.

23. 아렌트는 『전체주의의 기원』 초판의 「맺음말」에서 '권리들을 가질 권리'에 대해 긍정적인 주장 중 한 가지는 남겨 놓았지만, 개정판에서는 「맺음말」 전체를 삭제했다.

24. Edmund Burke, *Reflections on the Revolution in France*(Oxford: Oxford University Press, 1993).

25. 같은 책, 34.

26. Edmund Burke, *Reflections on the Revolution in France*(New York: Holt, Rinehart, and Winston, 1959).

27. Arendt, *Origins*, 291.

28. 같은 책, 293.

29. 같은 책, 299.

30. Ayten Gündoğdu, *Rightlessness in an Age of Rights*(Oxford: Oxford University Press, 2015), 41.

31. 이 점을 논하면서 아렌트는 각주에서 존 호프 심프슨(John Hope Simpson)을 인용했다. "무국적자들의 문제는 1차 대전 이후 눈에 띄게 부각되었다. 전쟁 전에 몇몇 국가, 특히 미국은 귀화한 사람이 귀화한 나라에 진정한 소속감을 유지할 수 없게 되면 시민권을 무효화할 수 있는 조항을 두고 있었다. 그러면 그는 국가 없는 무국적 상태가 된다. 또 전쟁 중에는 유럽의 주요 국가들이 국적법을 개정해서 귀화를 무효화할 권한을 가져야 할 필요가 있다고 생각하게 되었다." John Hope Simpson, *The Refugee Problem*(Oxford: Oxford University Press, 1939), 231.

32. 이 구절이 한 번만 쓰인 『모던 리뷰』 글과 대조적이다.

33. Arendt, *Origins*, 298.

34. 같은 책.

35. 같은 책, 269.

36. 같은 책, 278.

37. 같은 책, 280.

38. 같은 책, 301.

39. Samuel Beckett, *Waiting For Godot: A Tragicomedy in Two Acts* (New York: Grove Press, 1954), 15.

40. Arendt, *Origins*, 301.

41. 같은 책, 278.

42. Jacques Rancière, "Who Is the Subject of the Rights of Man?" *South Atlantic Quarterly* 103:2–3, 2004, 297–310.

43. Arendt, *Origins*, xxii.

44. 같은 책, 277.

2장 · 권리들을 '가질' 권리

1. Hannah Arendt, *The Origins of Totalitarianism* (second ed., New York: Meridian, 1968), 297.

2. 같은 책, 296.

3. 같은 책.

4. 같은 책, 296-7.

5. 같은 책, 297.

6. 미국 독립선언문에 대한 아렌트의 분석에서, "우리는 …라고 여긴다"는 구절과 우리가 그렇게 여기는 진리가 실제로 자명한지 사이에 존재하는 구성적인 긴장은 다음을 참고하라. Bonnie Honig, *Political Theory and the Displacement of Politics* (Ithaca: Cornell University Press, 1993).

7. 아렌트는 이렇게 언급했다. "[인권] 개념이 한때 어떻게 규정되었든 간에(미국에서는 생명, 자유, 행복의 추구라고 이야기되었고, 프랑스에서는 법 앞에서의 평등, 자유, 재산 보호, 국민 주권 등으로 이야기되었다)… 20세기에 법의 경계 밖으로 쫓겨난 사람들의 실제 상황은 이런 권리들이 시민의 권리이며 시민의 경우에는 그런 권리들을 상실한다 해도 절대적인 무권리 상태가 되지는 않는다는 것을 보여 준다." Arendt, *Origins*, 295.

8. 같은 책, 299.

9. Seyla Benhabib, *The Rights of Others*, 56.

10. Ayten Gündoğdu, *Rightlessness in an Age of Rights*(New York: Oxford University Press, 2014), 182. 권리를 정치적, 집합적으로 주장을 만드는 실천으로서 보는 개념에 대해서는 다음을 참고하라. Karen Zivi, *Making Rights Claims: A Practice of Democratic Citizenship*(New York: Oxford University Press, 2012).

11. John Locke, *The Second Treatise of Government*(Indianapolis: Hackett, 1980), 8.

12. Arendt, *Origins*, 297-98.

13. 같은 책, 299.

14. 같은 책, 302.

15. 아렌트와 호니그는 현대에는 국적이 있는 사람들도 권리 담지자로서의 지위가 위태로워졌다고 강조한다. 보니 호니그가 '권리들을 가질 권리'에 대해 논하면서 언급했듯이, "우리는 우리의 정치 공동체가 우리를 존엄과 존중을 가지고 대해 주리라는 믿음이 없기 때문에 권리를 필요로 한다. 하지만 우리의 권리를 바로 그 정치 공동체에 의존한다." Bonnie Honig, "Another Cosmopolitanism? Law and Politics in the New Europe," in Seyla Benhabib, ed., *Another Cosmopolitanism*(Cambridge: Cambridge University Press, 2008), 107.

16. Arendt, *Origins*, 301.

17. 같은 책.

18. 같은 책.

19. 아이텐 군도두가 언급했듯이, 이 위험은 국제 인권 기구의 수준에서도 존재한다. 최근 저서 『권리의 시대에서의 권리 없음(Rightlessness in an Age of Rights)』에서 군도두는 "국가 없는 사람의 존재를 예외적인 비정상으로 간주하는 것이 국가 시스템의 기만적인 연대"이듯 "인권 프레임의 전례 없는 상승은 난민, 비호 신청자, 미등록 이주자가 직면한 문제들을 (권리와 시민의 지위를 점점 더 분리하고자 하는) 보편 규범에서 어쩌다 벗어난 "운 나쁜 예외"의 범주로 밀어넣어 버리게 될 위험이 있다"고 언급했다(11). 다른 말로, 우리가 국제적 권리 체제를 만들 힘을 가지고 있다는 느낌은 그 체제에 의해 영속화되는 불가피한 배제에 눈을 감게 할 뿐 아니라 여기에 부합하지 않아 보이는 사람들에 대해 적대를 키우도록 만들 수 있다는 것을 의미한다.

20. 이 주제와 관련해서는 방대한 문헌이 있다. 예를 들어 다음을 참고하라. Saba Mahmood, *The Politics of Piety*(Princeton, NJ: Princeton University Press, 2011); Makau Mutua, "Human Rights in Africa: The Limited Promise of Liberalism," *African Studies Review* 51, 2008, 1, 17–39.

21. 예를 들어 다음을 참고하라. Michael Warner, *The Trouble with Normal: Sex, Politics, and the Ethics of Queer Life*(Cambridge, MA: Harvard University Press, 2000); Lee Edelman, *No Future: Queer Theory and the Death Drive*(Durham, NC: Duke University Press, 2004); Sara Ahmed, *The Promise of Happiness*(Durham, NC: Duke University Press, 2010); Lori Marso, "Marriage and Bourgeois Respectability," *Politics and Gender* 6:1, 2010, 145–53.

22. Wendy Brown, *States of Injury*(Princeton, NJ: Princeton University Press, 1995).

23. Gündoğdu, *Rightlessness in an Age of Rights*, 32.

24. 보니 호니그도 다음에서 이와 비슷한 주장을 폈다. "Dead Rights, Live Futures: A Reply to Habermas' 'Constitutional Democracy,'" *Political Theory*

29:6, 2001, 792-805.

3장 · '권리들'을 가질 권리

1.   Hannah Arendt, *The Origins of Totalitarianism* (third ed., San Diego, CA: Harcourt, Brace, & World, 1967), 296.

2.   Frank Michelman, "Parsing a 'Right to Have Rights,'" 200-8.

3.   Dolf Sternberger to Hannah Arendt, September 13, 1949, Hannah Arendt Papers, Library of Congress, Correspondence File, General-Sternberger, Dolf-1946-1953. 『변화(*Die Wandlung*)』에 대해서는 다음을 참고하라. Sean A. Forner, *German Intellectuals and the Challenge of Democratic Renewal: Culture and Politics after 1945* (Cambridge: Cambridge University Press, 2014).

4.   Arendt, *Eichmann in Jerusalem: A Report on the Banality of Evil* (New York: Viking Press, 1965), 279.

5.   다음과 비교해 보라. Seyla Benhabib, "International Law and Human Plurality in the Shadow of Totalitarianism." 다음에 수록됨. Benhabib, ed., *Politics in Dark Times: Encounters with Hannah Arendt* (Cambridge: Cambridge University Press, 2010), 225. 미라 시겔버그(Mira Siegelberg)에 따르면 아렌트는 1955년에 버클리에서 열린 강연에서 국가가 '시민권을 박탈할 권리'를 갖는다는 개념을 부인하면서 '국제적으로 보장되는 하나의 시민권'을 주장했다. 하지만 『예루살렘의 아이히만』을 쓸 무렵이면 국가가 귀화를 무효화할 수 있는 권리를 주장할 수 없다는 입장은 견지했지만 공동체에 속하는 것을 더 이상 권리로서 이야기하지 않았다. 세계인권선언은 15조 1항에서 '국적을 가질 권리'를 명시하고 있지만 말이다. Hannah Arendt, "Statelessness," Lecture 1955, Speeches and Writings File, 1923-1975, Hannah Arendt Papers. 다음에 인용됨. Siegelberg, "Hannah Arendt, Statelessness, and the State without

Qualities in Postwar Thought"(근간).

6. "신이라는 개념의 효과는 한동안 명백하게 남아 있었다. 미국에서 이것은 국민의 목소리는 곧 신의 목소리라는 합리적이고 실용적인 신념에서 잘 드러났다." Carl Schmitt, *Political Theology: Four Chapters on the Concept of Sovereignty*, trans. George Schwab(Cambridge, MA: MIT Press, 1986), 49.

7. Arendt, *Origins*, 291. 다음에 인용됨. Samuel Moyn, *Origins of the Other: Emmanuel Levinas between Revelation and Ethics*(Ithaca, NY: Cornell University Press, 2005), 14-15. 이 절의 내용은 내가 다음 책에서 개진한 아렌트 해석과도 관련된다. "Hannah Arendt, Secularization Theory, and the Politics of Secularism," in Willem Styfthals and Stéphane Symons, eds., *Theological Genealogies: Reflections on Secularization in Twentieth-Century Continental Thought*(근간).

8. Arendt, *On Revolution*(rev. ed., New York: Viking Press, 1965), 186.

9. 같은 책, 189.

10. 같은 책, 184.

11. 같은 책, 196.

12. 같은 책, 186.

13. 같은 책, 148; 207도 참고.

14. 인권의 일부로서 경제권과 사회권의 역사에 대해서는 내가 쓴 다음 책을 참고하라. *Not Enough: Human Rights in an Unequal World*(Cambridge, MA: Harvard University Press, 2018).

15. Hannah Arendt, *The Human Condition*, 46.

16. Samuel Moyn, *The Last Utopia: Human Rights in History*(Cambridge, MA: Belknap Press, 2010).

17. 자코뱅의 급진주의에 대해서는 다음을 참고하라. Jean-Pierre Gross, *Fair Shares for All: Jacobin Egalitarianism in Practice*(Cambridge: Cambridge University Press, 1997).

18. Jacob Talmon, *The Origins of Totalitarian Democracy*(London: Secker

and Warburg, 1952), 150; 다음과 비교해 보라. Leo Strauss, *Natural Right and History*(Chicago: University of Chicago Press, 1952), Chap. 6. '공산주의자'로서 자코뱅을 계승한 프랑수아 노엘 바뵈프는(내가 아는 바로 아렌트가 그를 언급한 적은 없지만) 냉전 시기의 자유주의자들에게 크게 경멸을 샀다.

19. Arendt, *The Human Condition*, Chap. 43.

20. Arendt, *On Revolution*, 124, 129, 133, 136.

21. 아렌트가 경제권과 사회권을 간과한 점을 비판하면서 아렌트의 이론을 재구성하려 한 여러 시도 중 하나로 다음을 참고하라. Ayten Gündoğdu, *Rightlessness in an Age of Rights*, Chap. 2.

22. "헌법의 실질적인 내용은 시민적 자유를 지키는 것이 아니라 완전히 새로운 권력 체계를 세우는 것이었다"(『혁명론』, 146).

23. 다음과 비교해 보라. Duncan Ivison, "Republican Human Rights?" *European Journal of Political Theory* 9:1, January 2010, 31-47.

24. 다음을 참고하라. Benhabib, "International Law and Human Plurality."

25. 제도적 실험에 대한 논의를 거의 담고 있지 않은 법적 프로젝트로서 국제 인권이 갖는 한계에 대해서는 다음과 비교해 보라. Eric A. Posner, *The Twilight of Human Rights Law*(Oxford: Oxford University Press, 2014).

4장 · '누구의?'

1. 예를 들어 다음을 참고하라. Seyla Benhabib, *The Reluctant Modernism of Hannah Arendt*; Benhabib, *The Rights of Others*.

2. 다음을 참고하라. Judith Butler, *Who Sings the Nation-State? Language, Politics, Belonging* (New York: Seagull Books, 2007); Butler, *Notes Toward a Performative Theory of Assembly*; Étienne Balibar, *Equaliberty*; Balibar, *We, the People of Europe? Reflections on Transnational Citizenship*, trans. James Swenson(Princeton, NJ:

Princeton University Press, 2004).

3.　아렌트 연구자 중 권리들을 가질 권리가 비인간 생명에 적용될 가능성을 언급한 유일한 사람은 베르너 하마허(Werner Hamacher)다. "따라서 이 권리는 과거에 법적으로 시민권과 인권에서 배제되었던 모두에게, 혹은 사실상 인간으로 여겨지지 않고 은유적으로건 실제적으로건 동물이나 기계처럼 인간 생명에 유익하거나 해가 되거나 하는 식으로만 판단되는 별도의 존재라고 여겨져 법적으로 시민권과 인권에서 배제되었던 모두에게 적용된다." "The Right to Have Rights (Four-and-a-Half Remarks)," *South Atlantic Quarterly* 103:2–3, Spring/Summer 2004, 354.

4.　Benhabib, *Reluctant Modernism*, 46(강조는 원문대로).

5.　Hannah Arendt, "'The Rights of Man': What Are They?" 34; Hannah Arendt, *The Origins of Totalitarianism*(New York: Harcourt and Brace, 1951), 439.

6.　이것은 거의 토씨 하나 다르지 않게 이야기되는 인권의 정의다. 다음을 참고하라. Jack Donnelly, *The Concept of Human Rights*(London: Croom Helm, 1985), 1; Paul Gordon Lauren, *The Evolution of International Human Rights: Visions Seen*(second ed., Philadelphia: University of Pennsylvania Press, 2003), 1; Maurice Cranston, *What Are Human Rights?*(London: Bodley Head, 1973), 36. 아렌트는 "인간이라는 사실에서만 도출되는" 권리라고 언급했다("Rights of Man," 25).

7.　Hannah Arendt, *The Origins of Totalitarianism*(new ed., San Diego: Harvest, 1968), 298. 이 장에서 인용한 『전체주의의 기원』은 다른 설명이 없으면 모두 이 판본을 지칭한다. 권리 담론에서 생득설 개념에 대한 비판적인 논의들은 다음을 참고하라. *Origins*, 301; Hannah Arendt, *On Revolution*(New York: Penguin, 1963), 30, 36, 160; Hannah Arendt, "Truth and Politics." 다음에 수록됨. *Between Past and Present: Eight Exercises in Political Thought*(New York: Penguin, 1968), 242.

8.　미국 독립선언에서는 이와 동일한 기능이 "모든 인간은 평등하

게 창조되었다"는 표현에 쓰인 "창조되었다"는 말에 의해 수행된다. 그런데 1948년 세계인권선언 초안에서는 다음과 같이 "태어나다"라는 표현을 쓰기로 결정되었다. "모든 사람은 태어날 때부터 자유로우며 존엄성과 권리 면에서 평등하다." 조하네스 모싱크(Johannes Morsink)는 당시 유엔 대표단 대부분이 "권리가 인간 개개인에게 내재한다는 것을 의미하기 위해" 출생의 순간을 강조하고 싶어 했다고 설명했다. 그들에게 "태어나다"라는 말은 바로 이런 의미였다. *The Universal Declaration of Human Rights: Origins, Drafting, and Intent*(Philadelphia: University of Pennsylvania Press, 1999), 293.

9. Arendt, *Origins*, 297, 298; *The Origins of Totalitarianism*(New York: Harcourt and Brace, 1951), 435.

10. 인간의 본성 개념에 대한 아렌트의 회의적인 시각은 다음 책에 드러난다. *The Human Condition*(Chicago: University of Chicago Press, 1998), 10. 하지만 더 이전 저술인 『전체주의의 기원』에서도 본성(nature)이라는 단어를 쓸 때마다 거의 작은 따옴표를 달아 놓은 것을 볼 때(예를 들어, 456ff를 보라) 이에 대한 회의를 이미 명백하게 가지고 있었던 것으로 보인다.

11. 아렌트는 "단순한 존재"를 "태어날 때 신비롭게도 우리에게 주어진" 것이라고 표현하면서 "우리의 외모나 우리의 정신적 재능을 포함하는 이 단순한 존재를 적절하게 다룰 수 있는 것은 단지 우정이나 호의 같은 우연이나 무한한 사랑의 은총"이라고 설명했다.

12. Arendt, *On Revolution*, 20-21.

13. Arendt, *Origins*, 301.

14. 같은 책. 아렌트가 가끔은 인간이 본성적으로 평등하지 않다고 언급하기도 하지만(같은 책, 234, 302; *On Revolution*, 21), 이것은 "권리 면에서 불평등하게 태어났다"는 말은 아니다. 아렌트가 1955년 캘리포니아 대학 버클리 캠퍼스에서 열린 강연에서 설명했듯이 인간이 불평등하게 태어났다고 주장할 사람은 나치와 이데올로기적 인종주의자들뿐일 것이다. 다음을 참고하라. "Statelessness," Essays and Lectures, Hannah Arendt Papers, Manuscript

Division, Library of Congress, Washington, DC, April 22, 1955, 3.

15. 아렌트는 각 인종 집단에 속하는 사람들의 "공통 기원"이 처음에는 언어적이고 문화적인 것(인종적인 것이 아니라)이었다가, 1814년 이후에야 "종종 '혈연관계,' 가족의 유대나 종족의 통일이라는 용어 또는 순수한 혈통과 같은 용어로 서술되기 시작했다"고 언급했다(*Origins*(1968), 166).

16. 이 개념의 핵심 원천은 낭만주의자들이 강조한 "천부적인 개인성 및 자연적인 귀족성"이라는 개념이다(*Origins*, 170). 이 개념은 공작이나 남작과 같은 "작위"가 부여하는 특성과 대비되는 "진정한 귀족성"을 주장하기 위해 주로 사용되었다(같은 책, 169).

17. 같은 책, 166, 169, 170, 164.

18. 같은 책, 164.

19. 같은 책, 180. 다음도 참고하라. "버크는 전체 인구를 포함하기 위해 이 특권의 원칙을 확장했다"(같은 책, 176).

20. 같은 책, 169.

21. 같은 책. 대조적으로 콩트 드 불랭빌리에(Comte de Boulainvilliers)는 프랑스에서 게르만족이 갈리아족보다 우월한 것은 "역사적인 행동과 정복 등에 의해서"이지 "신체적 특질에 의해서는 아니다"라고 주장했다(같은 책, 163).

22. 같은 책, 297.

23. Arendt, *Elemente und Ursprünge totaler Herrschaft*, 615.

24. 그것으로부터 직접적으로 인권이 나온다고 상정되는 인간 '본성'은 전통적으로 생물학적 주장이라기보다 형이상학적 주장이었다. 그럼에도 인권을 절대적인 '토대'를 바탕으로 설명하고자 하는 이론들이 상정하는 종류의 주체에서 생물학을 발견하는 것은 어렵지 않다. 때로는 인권을 내재하(고 있다고 상정되ー옮긴이)는 인간 본성이 명시적으로 생물학적 용어로 이야기되기도 한다. 유네스코가 1998년에 발표한 「인간 게놈과 인권에 관한 국제 선언(Universal Declaration on the Human Genome and Human Rights)」과 미국

의 낙태 반대 운동이 사용하는 인권 화법이 그런 사례다. 인권의 기반이라고 하는 인간 본성의 특질이 생물학적이지 않은 방식으로 이야기될 때도 여전히 이것은 호모 사피엔스라는 종의 일원이라는 설명으로 매끄럽게 대체된다. 인권 이론가들과 활동가들은 권리 주체의 자격 요건을 논할 때 인간 종의 일원인지 여부와 별개로 '이성'이나 '언어 능력'을 이야기하지 않는다. 실제로 그들은 동물이 가진 언어 역량이나 이성에는 관심이 별로 없다. 그리고 이성이나 언어 기능을 갖지 못한 인간도 인간 종의 일원으로서 권리를 갖는다고 말한다. 요컨대, 권리를 부여하는 특질은 인간 종에 속한다는 것 자체만으로 표현되며, 이 종의 일원이라는 것은 권리 주체의 다른 자격들을 대신 표현할 수 있다. 어느 쪽이든, 생물학은 전통적인 형이상학적 인권 개념에서조차 권리 주체를 구성하는 요인이다. 에티엔 발리바르도 "[인권 개념과] 민족의 권리, 더 나아가서는 인종('본질적인 민족'이라고 상정되는)의 권리에 대한 자연주의적 이론들 사이에 역설적인 유사성이 있다"는 점을 짚어낸 바 있다(*Equaliberty*, 318-19n15).

25. 이 시도가 얼마나 현실과 다른지는 1964년에 나온 『인종의 생물학적 측면에 대한 제안(*Proposal on the Biological Aspects of Race*)』의 마지막 문장에서도 볼 수 있다. 여기에서 과학자들은 그들의 연구가 "비과학적인 목적을 위해 편향적인 방식으로 쓰이는 것을 막기 위해 노력해야 한다"고 촉구했다. 하지만 이것 자체가 과학이 비과학적 목적으로, 특히 정치적인 목적으로 쓰인 사례다. UNESCO, *Proposal on the Biological Aspects of Race*, unesdoc.unesco.org.

26. 이 점은 티모시 캠벨(Timothy Campbell)과 애덤 시츠(Adam Sitze)가 다음 책의 「머리말」에서 명료하게 설명한 바 있다. *Biopolitics: A Reader*(Durham, NC: Duke University Press, 2013). "아렌트의 생명과 정치에 대한 저술은 그렇게 불리지는 않았을 뿐 '생명관리정치적'이다"(23).

27. 이 주제는 『인간의 조건』과 『혁명론』에 나온다. 후자에서 아렌트는 프랑스혁명 시기에 공화주의적 공동체를 건설하려던 합당한 정치 프로젝트가 생물학적 욕구에 의해 추동되는 가난한 대중에게 필수품을 제공하려

는 사회적 임무에 뒤덮여 버렸다는 논쟁적인 주장을 했다(49-105). 하지만 이것은 아렌트가 인권을 논할 때 생명과 정치의 관계를 고찰한 방식은 아니다. 적어도 아렌트는 생물학적 욕구 자체와 달리, 인간이 본성상 권리 주체라는 개념이 실질적으로는 아무에게도 그 개념을 받아들이도록 강요하는 힘을 발휘하지 못한다는 것을 강조했다.

28. Arendt, *Origins*, 192-6.

29. Giorgio Agamben, *Homo Sacer: Sovereign Power and Bare Life*, trans. Daniel Heller-Roazen(Stanford: Stanford University Press, 1998), 126-35. 이러한 이론적 교착은, 본성에 의해 권리를 갖는다고 되어 있는 인간에 대한 아렌트의 묘사가 정치 공동체에서 강제로 쫓겨난 사람들에 대한 묘사와 희한하게도 비슷하다는 점도 설명해 준다.

30. Arendt, *Origins*, 295. 인권 개념 자체가 비인간 생명체는 권리를 갖지 않는다고 말하는 것은 아니다. 인간이 인간으로 존재한다는 이유만으로 권리를 갖는다면 비인간 생명체도 그들로서 존재한다는 이유만으로 권리를 갖는 것이, 심지어는 동등한 권리를 갖는 것이 허용될 수 있다. 하지만 학계에서도 활동가들 사이에서도, 인권 담론에서 이러한 논의는 이뤄지지 않고 있다.

31. 때로는 동물이 권리 주체로 적합하지 않다는 것이 인권을 옹호한다는 명목에서 명시적으로 주장되기도 한다. 여기에는 다양한 사례가 있다. 다음을 참고하라. Luc Ferry, *The New Ecological Order*(Chicago: University of Chicago Press, 1995); Wesley J. Smith, *A Rat Is a Pig Is a Dog Is a Boy: The Human Cost of the Animal Rights Movement*(New York: Encounter Books, 2010); George Kateb, *Human Dignity*(Cambridge, MA: Harvard University Press, 2011).

32. Arendt, *Origins*(1951), 439. "[권리들을 가질 권리는] 18세기의 개념으로 표현될 수 없다. 18세기 개념은 권리들이 인간의 '본성'에서 직접적으로 솟아나는 것이라고 간주하기 때문이다"(*Origins*, 297). "Rights of Man," 43도 참고하라.

33. Burke. 다음에 인용됨. Arendt, *Origins*, 175-6; 299도 참고.

34. Arendt, "Rights of Man,'" 34.

35. Arendt, *Origins*, 299.

36. 같은 책, 297.

37. Arendt, *Origins*(1951), 439.

38. 같은 책, 268.

39. 같은 책, 295.

40. 공식적으로는 정치 공동체에 속하지만 사실상 권리의 향유가 체계적으로 배제되는 사람들은 예외로 제시될 수도 있을 것으로 보인다. 하지만 아렌트의 입장은 이러한 상황까지 고려할 만큼 충분히 정교하다. 『전체주의의 기원』 9장에서 아렌트는 오스트리아-헝가리 제국과 러시아 제국이 무너지면서 생긴 신생국들에서 '소수 민족'들은 명목상으로는 시민이지만 사실상으로는 비시민이라고 설명했다. 공식적인 권리를 그들에게 보장해 주어야 할 제도가 기능적으로 무용하기 때문이다. 마거릿 R. 소머스(Margaret R. Somers)는 많은 현대 국민국가의 시민들이 이런 종류의 불일치, 즉 서류상의 권리와 실질적인 권리 사이의 불일치를 겪고 있다고 지적했다. 신자유주의적 자본주의에서 사회경제적 위치가 위태로워지면서 진정한 권리 주체가 될 수 있는 공동체 성원으로서의 자격을 사실상 박탈당했기 때문이다. 미국 흑인들이 이러한 난관을 특히 두드러지게 보여 주는 사례다. 소머스의 저서로는 다음을 참고하라. *Genealogies of Citizenship: Markets, Statelessness, and the Right to Have Rights*(Cambridge: Cambridge University Press, 2008).

41. Arendt, *Origins*, 267, 279, 290, 293, 294, 295, 300; Arendt, "Rights of Man,'" 26; Arendt, *Elemente und Ursprünge*, 607.

42. Arendt, *Origins*, 295-6.

43. 같은 책, 295, 286.

44. 같은 책, 297, 295; 286, 292도 참고.

45. 같은 책, 295-96.

46. Arendt, "Rights of Man,'" 33-34. 이 단락은 『전체주의의 기원』 9

장에서는 삭제되었다. 초판에서는 「맺음말」로 옮겨졌지만(433-4) 1968년
에 나온 개정판에서는 절 전체가 삭제되었다. 『전체주의의 기원』 9장에서
이 부분이 빠진 것은 두 가지 점을 볼 때 그리 의도적이지는 않았던 것으로
보인다. 우선, 이 장에서 "그런 사람들이 겪는 위험은 이중의 위험이다"라
고 말한 뒤에 한 가지 위험만 상세히 나오고 두 번째 위험은 나오지 않는다
(302). 둘째, 이 단락은 독일어 번역본(*Elemente und Ursprünge totaler Herrschaft*, 624)
에서는 삭제되지 않았다. 이 절의 주제가 '사라짐'이라서 이 절이 사라진 것
일까! 이 단락은 유럽 제국주의자들의 심리, 즉 그들이 인식하지 못한 채로
아프리카 사람들을 살해할 수 있게 만든 심리와 관련지어 읽어야 한다. "유
럽 사람들이 아프리카 사람들을 학살했을 때 그들은 자신이 살해를 저지르
고 있는 줄 모르고 있었다"(*Origins*, 192). 이와 관련된 또 다른 사례로는 아렌
트가 『예루살렘의 아이히만』(New York: Penguin, 2006)에서 이 책의 핵심 인
물[아이히만]을 "새로운 종류의 범죄자"라고 묘사한 것을 들 수 있다. 아이히
만은 "자신이 나쁜 짓을 하고 있는 줄 알거나 느끼지 못하는 상태에서 범죄
를 저지른" 범죄자였다(276).

47. 『전체주의의 기원』 독일어 번역본에 나오는 해당 단락은 이러한
해석을 뒷받침한다. "누군가가 살해되어도 마치 그 일이 아무에게도 부당한
일이나 해를 끼치지 않은 것인 양 저질러졌다"(*Elemente und Ursprünge*, 624).

48. 이 개념은 아렌트의 또 다른 악명 높은 주장을 설명해 준다. "권리
없는 사람들의 고난은 그들이 억압받고 있다는 것이 아니라 아무도 그들
을 억압하고 싶어 하지도 않았다는 점이다"(Arendt, *Origins*, 295-6). 자크 랑시
에르(Jacques Rancière)는 이 주장을 "얕보는 듯한 어조" 때문에, 그리고 "억
압을 넘어서는 상황이 존재한다는 가정" 때문에 비판했다. 랑시에르는 "이
들 난민들을 억압하기를 원한 사람들과 억압하는 법 제도가 존재했다"고 반
박했다. Jacques Rancière, "Who is the Subject of the Rights of Man?" *Dissensus:
On Politics and Aesthetics*, ed. and trans. Steven Corcoran(London: Bloomsbury,
2010), 64. 하지만 랑시에르는 아렌트가 '억압'이라는 단어를 『전체주의의

기원』의 초반 몇몇 장에서 설명한 매우 특정한 의미에서 사용하고 있음을 감안하지 않았다. 영국 식민주의자들과 아프리카 원주민들 사이에는 "갈등 자체가 허용되지 않을 정도로 이해관계의 절대적인 분열이 있었다"고 아렌트는 설명했다. "이에 비해 볼 때 착취, 억압, 부패는 인간의 존엄을 인정하고 있는 것으로 보인다. 착취하는 자와 착취당하는 자, 억압하는 자와 억압당하는 자, 훼손하는 자와 훼손당하는 자가 동일한 세계에 살면서 동일한 목적을 여전히 공유하고 있기 때문이다. 그들은 동일한 것을 소유하기 위해 서로 싸우는 것이다"(Arendt, Origins, 212). 여기에서 '억압'은 관련된 당사자들이 권리 면에서 평등함을 전제로 하는 관계가 아니다. 그보다, 적어도 공동의 세계 안에 존재하는 관계, 그래서 서로 싸우는 것이 가능한 관계를 말하는 것이다. 그렇다면 아렌트가 권리 없는 사람들을 "아무도 억압하고 싶어 하지도 않았다"고 말한 것은 개인적으로 얕보기 위해서도 아니고 그들이 당한 폭력에 눈을 감으려 한 것도 아니다. 오히려 이 주장은, 그들을 배제한 공동체의 입장에서 볼 때 권리 없는 사람들은 권리를 위해 투쟁하는 것 자체가 가능한 세계에 존재하지 않는다는 점을 말하는 것이다. 상대방도 권리를 주장할 수 있다는 것을 마지못해서라도 인정하는 상황에서만 상대방을 '억압'할 수 있는 법이다. 하지만 권리 없는 사람들은 애초에 권리를 가질 역량이 있다고 간주되지 않았다.

49. Arendt, Origins, 294-5.

50. 여기에서 아렌트는 훗날 『정신의 삶(The Life of the Mind)』(San Diego: Harcourt, 1978)의 유명한 장 「하나 속의 둘(The Two-in-One)」에서 개진할 양심에 대한 개념을 미리 보여 주는 듯하다. 이 책에서 아렌트는 양심 없는 사람들은 "온전히 살아 있지 않기" 때문에 "자존감을 유지하며" 살아갈 수 있다고 설명했다(191).

51. 『혁명론』에서 아렌트는 초기 미국의 노예제에 대해 논하면서 여기에 현상학적인 작용이 벌어지고 있음을 설득력 있게 설명했다. 아렌트는 노예제는 "빈곤의 모호함보다 더 어두운 모호함을 실어 나르는 제도"라고 말

했다. 존 애덤스(John Adams)가 말했듯이, 노예가 아닌 가난한 백인 노동자가 대중에게 "간과"되고 있었다면, 아렌트는 노예들은 "전적으로 간과되고" 있었다고 설명했다. 가난한 백인들이 정치적 주체가 될 수 있는 범위는 부유한 정치가들 중에서 투표하는 것 정도에 그치기는 하지만, 적어도 이들은 자신의 견해를 드러낼 수는 있었다. 하지만 흑인 노예들은 정치적으로 표현될 수 있는 종류의 이해관계나 욕망을 가진 존재로 여겨지지 않았고, 정치적으로 표현될 수 있는 종류의 견해를 가진 존재로는 더더욱 여겨지지 않았다(61). 권리 없는 사람들을 노예제와 연결시키는 것은 생각보다 그리 생뚱맞지 않다. 『전체주의의 기원』 9장에서 권리 없는 사람들이 처한 비극을 논하면서, 아렌트는 노예의 지위와 국가 없는 사람들의 지위 사이에 근본적인 유사성이 있다고 언급했다(297). 여기에 내가 덧붙이고자 하는 점은, 아렌트가 어떤 현상학적 폭력도 영원히 혹은 완전히 사라질 수는 없다고 보았다는 점이다. 미국 흑인의 경우 남북전쟁 이후에 그들이 공화국의 정치체 안으로 받아들여졌지만 그들에 대한 폭력은 사라지지 않았다. 이러한 문제점에 대한 아렌트의 논의는 다음을 참고하라. "Civil Disobedience," *Crises of the Republic*(San Diego: Harcourt Brace, 1972), 49–102.

52. Arendt, *Origins*, 290, 301.

53. Rancière, "Who is the Subject of the Rights of Man?" 63–67. 아렌트가 단순한 생명과 정치 사이에 넘을 수 없는 벽을 세웠으며 따라서 특정한 집단이 공적 사안을 다루는 데 참여할 수 없게 배제했다는 옛 비판을 랑시에르가 되살린 것은 1980년대에 프랑스 철학계에서 아렌트를 보수적인 학자로 해석하는 경향이 두드러졌던 것과 관련이 있을 것이다. 다음을 참고하라. Andrew Schaap, "Enacting the Right to Have Rights: Jacques Rancière's Critique of Hannah Arendt," *European Journal of Political Theory*, 10:1, 2011, 22 –45. 하지만 아렌트가 생명의 사적 영역과 정치의 공적 영역 사이에 "견고한 대립"을 세웠다는 랑시에르의 주장은 또 다른 대립을 세우고자 한 랑시에르 자신의 노력을 드러낸다. 권리 없는 사람들이 어떻게 권리를 주장할 수 있

을 것인가에 대한 아렌트의 주장과 랑시에르 자신의 주장 사이의 대립 말이
다. 그가 '권리들을 가질 권리'에 대해 언급하지 않았다는 점은 이런 혐의를
더 짙게 해 준다.

54. Bonnie Honig, *Political Theory and the Displacement of Politics*, 121-2.

55. 아렌트를 면밀히 독해한 연구자들은 이 점을 잘 이해했다. 다음
을 참고하라. Bonnie Honig, *Democracy and the Foreigner*(Princeton: Princeton
University Press, 2009), 61; Judith Butler, *Notes Toward a Performative Theory of
Assembly*, 80; Étienne Balibar, *Equaliberty*, 171-2; Ayten Gündoğdu, *Rightlessness
in an Age of Rights*.

56. 호니그도 비슷한 점을 짚었다. "실제로 아렌트의 '권리들을 가질
권리'는 논쟁적이고 정치적인 촉구로서, 소수자들, 국가 없는 사람들, 권력
없는 사람들, 희망 없는 사람들이 경험하는 역설을 표현하고 다룰 수 있는
정치의 필요성에 우리가 계속해서 관심을 갖도록 만든다." 다음에 수록됨.
Seyla Benhabib, ed., *Another Cosmopolitanism*(Oxford: Oxford University Press,
2004), 107-8.

57. Arendt, *Origins*, 278-80.

58. 같은 책, 293. 다음의 진술과 비교해 보라. 국가 없는 사람들은 "법
적 지위의 상실"을 "그들 자신의 국가에서"뿐 아니라 "모든 국가에서" 겪는다
(294).

59. 이것은 2016년 유럽연합이 새로 도착하는 난민을 모든 회원국에
분담 수용시키려는 조치를 추진하자, 이 조치를 받아들일지 여부를 국민투
표에 부치면서 헝가리 정부가 개진한 반대 논리였다. 헝가리는 민족주의를
떠받치고 있는 외국인 혐오와 인종주의를 공개적으로 드러냈다는 점에서
유럽연합 국가 중 예외적이었다고 볼 수 있지만, 사실 이것은 기본적으로
모든 국가에서 종종 촉발되는 논리이기도 했다.

60. 아렌트는 국가를 구성하는 법적 기관들이 전통적인 임무였던 "국
적에 상관없이 영토 안에 있는 모든 거주자를 보호하는" 것을 멈추고 "출생

과 기원을 기준으로 공동체에 속할 시민권과 정치적 권리를 차등적으로 부여하게 된" 것에 대해 민족주의와 인종주의를 원인으로 꼽았다. 같은 책, 230ff; 275도 참고.

61. 이 논쟁과 관련한 주요 저술로는 다음을 참고하라. Sue Donaldson and Will Kymlicka, *Zoopolis: A Political Theory of Animal Rights*(Oxford: Oxford University Press, 2011); Robert Garner and Siobhan O'Sullivan, *The Political Turn in Animal Rights*(London: Rowman and Littlefield, 2016); Robert Garner, *A Theory of Justice for Animals: Animal Rights in a Nonideal World*(New York: Oxford University Press, 2013); Alasdair Cochrane, *An Introduction to Animals and Political Theory*(London: Palgrave, 2010).

62. 이 효과를 내는 도덕적, 법적 주장을 광범위하게 보려면 다음을 참고하라. Cass R. Sunstein and Martha C. Nussbaum, eds., *Animal Rights: Current Debates and New Directions*(Oxford: Oxford University Press, 2004). 여기에 기고한 코라 다이아몬드(Cora Diamond)의 글「고기를 먹는 것과 사람을 먹는 것(Eating Meat and Eating People)」(93-107)은 우리의 논의와 특히 관련이 크다. 다이아몬드는 동물권에 대해 "우리의 동료 생명체"라는 식으로 생물학적 기반의 주장을 하는 전통적인 논의를 비판했다. 이것은 아렌트가 권리들을 가질 권리를 옹호하고 인권을 생명관리정치적으로 비판한 것과 일맥상통한다.

63. Arendt, *Origins*(1951), 430.

64. Arendt, *Origins*, 292, 287; *Elemente und Ursprünge*, 613.

65. 서구 유럽에서 가장 큰 비공식 난민 캠프의 이름이 이 점을 단적으로 보여 준다. 칼레 외곽에 있는 이 캠프의 이름은 '정글'이다.

66. Jacques Derrida, "Force of Law," trans. Mary Quaintance. 다음에 수록됨. *Deconstruction and the Possibility of Justice*, eds. Drucilla Cornell, Michael Rosenfeld, and David Gray Carlson(New York: Routledge, 1992), 18. 게리 프랜시온(Gary Francione)은 다음 저서에서 동물에게 영향을 미치는 대부분의 법이 동물에게 부여한 '권리'가 인간 소유자의 이해관계(가령 돈을 벌어야 할 이

해관계)에 비해 압도적으로 중요한 이해관계(가령 살해당하지 않아야 할 이해
관계)를 가질 것을 요구한다고 지적했다. 그는 이것이 과연 '권리'인지는 매
우 의심스럽다고 주장했다. *Animals, Property, and the Law*(Philadelphia: Temple
University Press, 1995).

67. 이 가정도 동물의 문제와 관련해 정치 이론가들이 면밀히 검토하
고 있다. 특히 다음을 참고하라. Donaldson and Kymlicka, *Zoopolis*, 103–22.

68. Tobin Siebers, "Disability and the Right to Have Rights," *Disability
Studies Quarterly*, 27:1–2, Winter/Spring 2007. 이를 전적으로 부인하는 것은
권리를 주장하는 행위를 하는 수행자와 권리를 담지하는 주체, 정치 계약에
참여하는 사람과 그렇게 해서 형성된 정치체의 성원을 헛갈린 데서 나오는
것으로 보인다. 혹은 프랭크 I. 마이클먼이 다음 저술에서 묘사했듯이, 권리
들을 가질 권리를 산출하는 과정과 그것을 분배하는 과정을 헛갈린 것으로
보인다. "Parsing 'A Right to Have Rights,'" 200–8. 동물의 정치적 능력과 관
련해 동물권을 부인하는 더 정교한 논의는 에티엔 발리바르(*Equaliberty*, 173)
와 앤 필립스[Anne Phillips, *The Politics of the Human*(Cambridge: Cambridge University
Press, 2013), 70, 79]가 개진한 바 있다. 그들은 권리들을 가질 권리를 생산하
는 수행성의 논리가 인간이 가진 역량을 직접적으로 전제한다고 본다. 하지
만 이 주장은 데리다와 폴 드 만(Paul de Man)이 전개한 수행성 논의들을 모
두 간과하는, 수행성에 대한 매우 환원적인 모델에 기초하고 있다.

69. 동물에 대한 정의를 실현해야 한다고 매우 설득력 있게 주장한 캐
리 울프(Cary Wolfe)도 아렌트가 개인은 "언어와 발화의 인간 역량"을 드
러낼 때만 권리들을 가질 권리를 가질 수 있다고 봤다고 성급히 해석했다.
울프의 다음 저서를 참고하라. *Before the Law: Humans and Other Animals in a
Biopolitical Frame*(Chicago: Chicago University Press, 2013), 7.

70. Arendt, *Elemente und Ursprünge totaler Herrschaft*, 623. 영어판의 해당
단락(『전체주의의 기원』, 302)은 '자연 상태'를 직접적으로 언급하지는 않고 있
다. 같은 장의 다른 곳에는 '자연 상태'라는 표현이 쓰였다. "이들 권리 없는

사람들은 사실상 독특한 자연 상태로 내몰린 사람들이다"(300).

71. Arendt, *Origins*(1951), 436. 439도 참고.

72. 권리들을 가질 권리는 아렌트가 『전체주의의 기원』 「머리말」(ix)에서 촉구한 "지구상의 새로운 법"이다.

맺음말 · 권리를 위한 투쟁

1. International Olympic Committee, "Refugee Olympic Team to Shine Spotlight on Worldwide Refugee Crisis," June 3, 2016, olympic.org.

2. Heather Saul, "Pope Francis Writes Letter to Refugee Olympic Team: 'I wish your courage serve as a cry for peace and solidarity,'" *Independent*, August 9, 2016, independent.co.uk.

3. UNHCR, "With 1 Human in Every 113 Affected, Forced Displacement Hits Record High," June 20, unhcr.org.

4. 디디에 파생(Didier Fassin)은 이 점을 다음 저술에서 유려하게 서술했다. "From Right to Favor," *Nation*, April 5, 2016. 나도 다음 저술에서 이렇게 밝힌 바 있다. "Our Friends Who Live Across the Sea," *The Baffler*, June 2016. "이 전환은 자연 발생적인 것이 아니었다. 2차 대전 후에 유럽 국가들은 재건을 위해 노동자들을 필요로 했다. 그리고 곧 이들은 냉전에 돌입한다. 서구 유럽에 다양한 인구 집단들이 처음에는 노동력으로서 나중에는 상징적인 민주주의 지지자이자 반공산주의자로서 중요성을 갖게 되었다는 의미다. 하지만 오늘날에는 실업이 증가하고 있고 이슬람 공포가 적색 공포를 능가하고 있다."

5. Arendt, *Origins*, 135.

6. 같은 책, 296-7.

7. 같은 책, 295.

8. Pew Research Center, "Refugee Surge Brings Youth to an Aging Europe," October 8, 2015, pewresearch.org.

9. 이와 관련한 논의로는 다음을 추천한다. Ayten Gündoğdu, *Rightlessness in an Age of Rights*, 94.

10. Arendt, *Origins*, 296.

11. 같은 책, 148.

12. 같은 책, 138.

13. David Harvey, *The New Imperialism*(Oxford: Oxford University Press, 2003), 34.

14. Arendt, *Origins*, 137–8.

15. 이 관계는 인과적이라기보다는 우연적이지만, 신자유주의와 인권 둘 다 2차 대전 이후에 성장했으며 1970년대가 되어서야 본격화되었다. 또 둘 다 집단주의에 대한 적대 혹은 회의에 토대를 두고 있다. 새뮤얼 모인이 다른 책에서 언급했듯이, 인권 담론은 사회주의와 공산주의에 대해 유토피아적이지만 시장 친화적인 대안을 찾으려던 시도와 관련이 있었다.

16. Arendt, *Origins*, 300.

17. "Public Rights and Private Interests." 다음에 수록됨. M. Mooney and F. Stuber, eds., *Small Comforts for Hard Times: Humanists on Public Policy*(New York: Columbia University Press, 1977), 108.

18. Gerry Mullany, "World's 8 Richest Have as Much Wealth as Bottom Half, Oxfam Says," *New York Times*, January 16, 2017.

19. Hannah Arendt, *The Crisis of the Republic: Lying in Politics; Civil Disobedience; On Violence; Thoughts on Politics and Revolution*(New York: Mariner Books, 1972), 84.

권리를 가질 권리

어디에도 속하지 못한 사람들을 위해

초판 1쇄 인쇄 2018년 11월 1일
초판 1쇄 발행 2018년 11월 10일

지은이 스테파니 데구이어 · 알라스테어 헌트 · 라이다 맥스웰 · 새뮤얼 모인
옮긴이 김승진

펴낸이 연준혁
출판 1본부 이사 김은주
편집 엄정원
디자인 조은덕

펴낸곳 (주)위즈덤하우스 미디어그룹 출판등록 2000년 5월 23일 제13-1071호
주소 경기도 고양시 일산동구 정발산로 43-20 센트럴프라자 6층
전화 031)936-4000 팩스 031)903-3893 홈페이지 www.wisdomhouse.co.kr

값 13,000원
ISBN 979-11-6220-970-7 03300

* 이 도서의 국립중앙도서관 출판시도서목록(CIP)은 서지정보유통지원시스템 홈페이지(http://seoji.nl.go.kr)와 국가자료공동목록시스템(http://www.nl.go.kr/ kolisnet)에서 이용하실 수 있습니다. (CIP제어번호: 2018033496)